許亞儒｜著

種瓜路11之10

——上班族的幸福實踐力

Enjoy是欣賞、享受，
以及樂在其中的一種生活態度。

我的・種瓜路11之10

我在二〇〇三年六月買下這塊面積將近一甲的蘿蔔田。
想起「一個蘿蔔一個坑」這句俗諺，
於是給了這塊地一個屬於自己的名字，就叫「蘿蔔坑」。

圍籬

圍籬是為了隔絕垃圾的入侵。
材料方面，選用鐵絲，畢竟金屬可以回收再利用，
比起水泥柱，還是環保一些。

買地

擁有一塊地的念頭

從開始工作賺錢的第二年就開始了……

我寧可買下一片已經被人類過度開發，一切生機趨近於零的土地。
如果我想要有一片森林，那就在這片土地上，由小苗開始種起吧。

這口貌不驚人的深水井，卻是蘿蔔坑的生命泉源。

溫室地坪

溫室部分完工了

大功告成

我的怪手

所以在買下蘿蔔坑的時候，我心裡就盤算著該買一部中古的小怪手來幫忙，這好像也是許多男人小時候看到怪手無堅不摧的豪情時，心中的小小夢想。

水

對於打井這回事，一開始我想得很單純，只要直直往下鑽，總有打到地下水層的一天。可是水電行老闆告訴我，地下水不是處處有，就算打到水，水質也未必可用——更何況是蘿蔔坑這種懸在半山腰的乾旱地……

清水終於源源不絕流入儲水桶，前後共花了十個月的漫長時間。

生命總會找到自己的出口，不是嗎？
水池有水了，紅蜻蜓回來了。
但是心中還有另一個心願：希望未來還會有第二個、第三個，
甚至更多的水池，在蘿蔔坑出現。

爬在圍籬上的紅西番蓮。

小屋

小屋的外觀終於完工，看起來很賞心悅目，很有小別墅的感覺。是目前工作、過夜的歇息處。

水池

夢想中的蘿蔔坑，要有水池，讓蜻蜓產卵，讓青蛙聚居歡唱。

演變

圍籬初完成時，冰冷的疏離感連自己初看時都不順眼。其他人的接受度就更低了，從老婆大人到所有來訪的朋友，無不目瞪口呆。監獄之名也從此不脛而走，但真是無可奈何。

然而，監獄圍籬的的確確發揮了防堵垃圾的功能，比起大門外經常有一整袋吃過的便當盒，以及四處丟棄的玻璃瓶、飲料罐，裡頭只不過偶爾撿到紙尿褲和破球鞋而已。

沒關係，這只是過渡時期。

在我腦海中的未來藍圖，這座監獄圍牆將會被綠色植物所遮蔽。植物的暖意將會取代金屬的冰冷。

這樣的改變正在緩慢的演進中。

溫室

溫室裡目前是一些仙人掌和多肉植物的家

緣起

——一塊被人類消耗殆盡的土地能有多少精采？

入秋後一個晴朗的日子，在蘿蔔坑這片土地上，蜜蜂忙碌地嗡嗡飛著，正在儲備冬天的糧食。這兒的確是個搜集花粉的好地方，免費，豐富多樣，而且不怕中毒。

這邊原是一塊商業生產的蘿蔔田，最後一次蘿蔔收成是在二〇〇三年的十月。經濟規模的蘿蔔生產，除了要大量使用化學肥料之外，每週還要噴兩次農藥，才能避免疫病在密植的蘿蔔之間發生、擴散。

除了受僱於菜頭公司，在此辛苦耕作的僱農之外，大概沒有什麼動物會喜歡靠近這裡，更別說吃它了。而這正是努力利用這塊土地創造生產價值的菜頭公司所希望達到的效果。

在蘿蔔收成之後，光禿禿的紅土地上呈現著一片荒蕪的景象，只有一些瘦弱、開裂、在市場上不具賣相的蘿蔔遺骸零亂地散落在田間，散發出十字花科植物腐敗時特有的異味。

烈日下的紅土地，死氣沈沈，除了偶爾來此追逐嬉戲的鄰家小狗之外，幾乎不見任何生命跡象。而在眼睛看不見的土壤孔隙裡，尚不知蓄積了多少的農藥殘毒與過量的化學肥料。

我在二〇〇三年六月買下這塊面積將近一甲的土地。一甲地，用比較通用的方式表達，就是大約一百公尺乘一百公尺，近三千坪。這塊地坐落在南投埔里山城南郊的桃米坑，一處海拔高度六百多公尺的開闊山稜線上，沒有地名。

由於位居一處大面積蘿蔔商業生產區的最低點，過去也一直生產蘿蔔，為了順口易記，我想到「一個蘿蔔一個坑」這句俗諺，於是給了這塊地一個屬於自己的名字，就叫「蘿蔔坑」。

時間一晃眼過了四年，此時的蘿蔔坑呈現著一種在正常人眼中叫做「荒地」的面貌。可是仔細瞧著，它卻是那麼的豐富。

盛開的青葙，一叢叢豔紫醒目地散佈在園內各處。亮眼的黃野百合，花序的頂端還正盛開，下半部先謝的花蕊卻已迫不及待地結成果莢。咸豐草的花是蜜蜂的最愛，可是花謝之後結成的鬼針，卻總讓人拔不勝拔。

各種通常我們通稱為「芒草」的禾本科植物，此時也開出型態各異的花序，數一數，至少有五節芒、甜根子草、狼尾草……族繁不及備載。連插花常用的氣球唐棉都自動來報到，看來應該是由鄰家花圃裡頭飄散過來的種子。

園子裡頭散佈著許多我刻意種下的花草樹木，還有一棟一百二十平方公尺的溫室與工作室。由於喜歡種植各種植物，因此園藝栽培是我買下這塊地的初衷。只是受限於時間，在衡酌實在沒有心力全面與雜草對抗，又不願在這兒再使用一滴農藥的情形

通往蘿蔔坑的小路

這塊土地雖然沒有賣在最高的金錢價值之上，
但是它獲得了成就其他價值的嶄新機會——在人與自然的共同合作之下。
這是我與蘿蔔坑緣分的開始。

下，我選擇將尚未用到的土地交給老天爺自由揮灑。

四年下來，大自然果然也不負所託，時時給我意外的驚喜與新的啟發。當然，也經常丟給我一些必須解決的麻煩問題，磨練我的韌性與能耐。

這塊土地的重生才四年，四年來所經歷的種種，以及未來的無限可能，都希望能藉由文字與相片，和有興趣的朋友分享。以下，就是蘿蔔坑的生命故事……

牧地狼尾草

目錄

卷一　從零開始

如果我想要一片森林，那就由一顆種子開始種起

卷二　生命之歌

當我將土地還給自然，大地賜予我未曾預期的美麗色彩

實戰篇

【推薦序】

人人都需要一座山

李偉文（荒野保護協會榮譽理事長）

人人都需要一座山，人到了一定的年紀，自然荒野就會前來呼喚他。而且，在經濟全球化的競爭壓力下，絕大部分的人不得不在擁擠的都市裡討生活，於是人們開始渴望到清幽雅靜的地方舒解壓力，因此這幾年所謂生態旅遊也隨之風行。許多壯年人開始重回老家鄉下或種田或蓋民宿，年紀大一點的人退休想搬到山裡頭，經濟能力好一點的就想辦法買片山坡蓋別墅。

可是，我們愛一座山，卻不該出賣整座山的靈魂，當每個人都到山上找希望時，不經意中會不會使山林失去了它的未來？

在這股風起雲湧的潮流裡，許亞儒的《種瓜路11之10——上班族的幸福實踐力》，是一個很好的提醒，透過他幽默風趣而且生動的栩栩如生的描述裡，傳達了人與土地，人與自然相處的方法，讓懷抱著浪漫田園生活幻想的人，看到原來這種想像中的「簡單生活」，過起來其實是非常麻煩的。搬到山裡頭並不是整天看著花花草草喝茶聊天，採菊東籬下，悠然見南山似的日子。

看到許亞儒為了園裡面的雜草辛苦的搏鬥著，在哈哈大笑之餘，相信有不少人會暗暗捏一把汗，開始思索「換成是我，真的有精力這麼幹嗎？」

的確，大多數人都輕估了當我們一個人住在山裡頭時，連簡單的日常生活所需事物，也許就遠超出我們的能力範圍。單從最簡單的飲用水、衛生設備、照明，以及食物的取得與垃圾的處理，這些在都市裡幾乎不需花費我們腦袋的事，到了山裡頭，樣樣都是挑戰，都是非常複雜、麻煩的事。

甚至以環境保護或生態足跡的計算來說，一個關在家裡大門不出，二門不邁的宅男宅女，相信比一個愛好大自然整天往山裡頭跑的人，消耗更少的自然資源。

我想，那些提著音響到溪谷裡去烤肉，然後留下滿地垃圾的人，一定會在個人資料與趣欄裡勾選：「愛好大自然，喜歡戶外活動」。

或許，那位摘下最後一朵台灣野生一葉蘭，那些買樹頭或撿拾溪裡奇石，到深山找漂亮枯枝等奇珍異草回家擺在客廳的人，會以非常誠懇的態度說：我熱愛大自然。

會不會許多駕著RV車，或者號稱重回大自然的新一代探險家，只是一群物質富裕，精神生活匱乏，無以發洩的中產階級，對著大自然如同上百貨公司般抱持著消遣遊憩的心情，將大自然當成物質，可以消費，可以購買，或者可以任意拿回去擺在家裡，以突顯自己的藝術品味或標榜自己生活的卓爾不群？

同樣的，我對於滿山遍野如雨後春筍在山野間到處冒出的豪華農舍也相當地擔心。

年輕時，我很喜歡到許亞儒的農場那一帶，也就是台灣的中部山區，因為合歡山、奇萊山、能高山、安東軍山等氣勢雄偉的山岳環繞，湛藍的天空，加上淺淺深深的各種綠，以及色彩鮮艷奪目的野花，這裡簡直是上帝的花園。

那時候，幾乎看不到房子，小小的農舍隱身在層層山巒中。一九六〇年代，國防部退輔會為了安置來自滇緬地區退役軍人，將清境一帶的國有林地承租給他們，其中有些榮民的眷屬是滇緬地區的少數民族擺夷族。

從一九九三年起，政府開始釋出農地，將國有土地賣給承租戶，自此這些土地就變成私有，可以自由買賣。西元二〇〇〇年農業發展條例通過，開放非農民也可以購買農地，並且可以在農地上蓋佔地不超過十分之一，高度不超過十公尺的「農舍」，自此，全台灣滿山遍野就開始出現了豪華大農舍，甚至有些以農舍民宿之名蓋成觀光飯店般大的建築，他們以人頭多人持分的方式來鑽法律漏洞。

假設農發條例當初的理想是為了因應加入WTO之後，希望讓台灣的小面積耕種方式可以集合成較大的生產規模與經營模式，才能和國外競爭，可是幾年下來，農民真的受惠了嗎？還是台灣農業徹底崩盤的開始？甚至造成農地惡化，生態環境遭破壞，將毀損了農業生產的根與土地的生命力？

因此，許亞儒的《種瓜路11之10——上班族的幸福實踐力》所呈現與示範的，或許是我們在回歸山林與保護土地兩者之間可行的作法。找一塊已經出了問題的山坡林地，想辦法恢復它的生機，若是我們沒有這個能力，就不要試圖想要自己去蓋一個豪華農舍。當我們的田園夢起時，到有口碑且善待土地的民宿去作客，可能是一個最好的選擇了。

難以想像的美麗！其實這是在鄉間，很容易黏在衣物上的咸豐草。

卷一　從零開始

如果我想要一片森林，那就由一顆種子開始種起。

土地的緣分

第一次進入法拍庭，眼見先前開標的每塊地幾乎都是流標，即使有幸標出去的，也都是一標獨得。我心中更加篤定，那麼偏僻的一塊地，有誰會和我有一樣獨到的眼光呢？

終於，輪到我的地了，答案揭曉，天哪！別具慧眼的人竟然……有四個！

擁有一塊地的念頭從開始工作賺錢的第二年就開始了，當時興匆匆地請在地的同事幫忙找地，每當被問及有多少預算時，心中盤算一下「那……二十萬能買多大？」

笑破一堆人肚皮。

經過十年省吃儉用，終於覺得眞的有能力買塊地了，於是開始在埔里附近尋覓，閒暇時開著車在郊區的田疇間以及山區的農路上，隨機尋覓寫著賣地廣告的布條，或是掛在電線桿上的方塊看板。我還下功夫研究法拍的流程，注意網路上法院的土地拍賣資訊，然後到地政事務所申請地籍圖，試圖從那簡單的地界線條中，比對出現地的實際位置。

鄉下地方，一個賊頭賊腦，四處張望的陌生人難免引人疑竇，於是我每次都帶了個望遠鏡，只要有人帶著懷疑的眼光趨近探詢，標準答案就是「我來看鳥，這兒的鳥況很好，我剛剛看到了黑冠麻鷺、竹雞……」

就這樣摸索了近兩年，把埔里附近也摸熟了。終於有一天，在法拍資訊上看上了桃米坑附近一塊藏身山徑盡頭的坡地，上面還有一棟兩層樓的既成農舍，經過現場勘查，雖然位處深山，但是環境相當清幽，又有現成的房子可以立即使用……就是它了！

終於壓抑不住內心對土地的渴望，我帶著老婆以及一位曾經成功拍到自家小窩的同事壯膽，勇闖南投地方法院。

第一次進入法拍庭，眼見先前開標的每塊地幾乎都是流標，即使有幸標出去的，也都是一標獨得。我心中更加篤定，那麼偏僻的一塊地，有誰會和我有一樣獨到的眼光呢？

終於，輪到我的地了，答案揭曉，天哪！別具慧眼的人竟然……有四個！可想而知，我以倒數第二名敗北而回。

失去了我最愛的一塊地。我是說，失去了擁有我以爲是全世界最棒的一塊地的美夢，心中眞是萬分的不捨與悲悵，甚至讓我一度以爲，這輩子大概很難再找到如此適合我的地方了。

逆境成就偉大的志業。很快地，我又拾起精神，繼續在埔里近郊尋尋覓覓。有一天，就在停紅綠燈時，眼睛餘光瞄到一張仲介的廣告牌「旱地一甲，ＸＸ萬，蘿蔔田，平坦。」當下心念一閃，毫不猶豫便往牌示的方向尋寶去，可惜地海茫茫，山區的小路又多，一直到天黑，遍尋不著，爲了避免在山中迷路，只好不甘願地先行撤退。

過了幾天，再次鎩羽而歸，看來憑著自己的能耐要在這山徑錯綜複雜的地區找到這塊地，恐怕是不容易。眞找到了，說不定也已經被賣掉。於是說服自己，給仲介賺錢也不是太丟臉的事，總是要促進地方服務業的產值成長。

終於甘願地打了電話給仲介公司，約好時間，在仲介的引導下，穿過村莊、爬上陡彎的坡道、進入濃密的廣葉杉林，林下還有高大的筆筒樹，難道這塊地是隱身森林深處的祕密基地嗎？

正當心中嘀咕，兩旁突然透空，森林過去了，變成一叢叢的麻竹，再一個轉彎，眼前豁然開朗，一大片的蘿蔔田在寬廣的稜脊上從眼前一直延伸到遙遠的最高點。要賣的土地正位於這一大片蘿蔔田最下緣的一角。

此地視野廣闊，往南俯瞰，對面台地上正是暨南大學的校園，往東望，可以看到埔里鎭的南郊，午後的涼風息息吹來，好棒的地方啊。

之後自己又上來一趟，獨自蹲在田埂上，望著平緩的坡地上大片青翠的蘿蔔，四周開闊到令人心神飛揚。第三次，帶了老婆來，在她滿意的點頭之後，終於下定決心，買了！

有熟悉這附近地區的朋友聽到我要買這塊地，紛紛提出善意的勸告。因爲他們覺得這塊地位在蘿蔔的生產區，別說附近的蘿蔔田經常會噴農藥，光是土

就是這樣的開闊視野，深深吸引著我

地裡頭累積的農藥餘毒和超量的化肥，就令人頭皮發麻。與其買這樣一塊光禿禿的土地，何不去買一塊蓊鬱的林地，蓋間林間小屋，多好。

可是我不這麼想，**住在森林裡頭的確是很美好的一件事，可是當挖土機推倒樹木，道路開進森林，地上的生物被清除掉，一座夢幻木屋拔地而起時，人類扮演的其實是破壞者與入侵者的角色，儘管他的出發點是因爲喜愛這片森林。**

因此，**我寧可買下一片已經被人類過度開發，一切生機趨近於零的蘿蔔田。如果我想要有一片森林，那就在這片土地上，由小苗開始種起吧。**萬一我做得不好，或是有一小步不慎走錯了方向，至少，這塊地不會比現在的情況更糟。

土地成交簽約那天，仲介依慣例請買賣雙方吃飯，賣家的老母親一邊吃飯一邊不捨地埋怨著這塊地賣得太便宜了，當年九二一地震前曾有人開到多高的價碼都還不賣云云，讓我這頓飯吃得好生尷尬。

原來，當年暨大在此設校，中研院又據說也要到埔里設分院，整個埔里的地價炒得半天高，這兒的一甲山坡地喊到一、二千萬，卻仍是有行無市，地主大多惜售，期待著下一波的高價。直到一場大地震，讓一切虛幻的財富重重跌落現實。

或許吧。這塊土地雖然沒有賣在最高的金錢價值之上，但是它獲得了成就其他價值的嶄新機會——在人與自然的共同合作之下。

這是我與蘿蔔坑緣分的開始。

監獄

很難想像如果不圍起來的話，像蘿蔔坑這樣一塊沒有人看管的地方，會不會變成最方便的垃圾場？

「監獄！」這是朋友們看到我那傍著農路而行，轉個折，隔開上方蘿蔔田邊界，綿延一百八十公尺的鐵絲網圍牆時，最常脫口而出的形容詞。是啊！在這荒郊野外的地方，突兀地出現一道兩公尺高的鐵絲網，乍看之下，還不曉得上面有沒有通上一萬伏特的高壓電。愈看，還眞的愈像監獄圍牆。

可是最初的考量眞是情非得已。

話說這塊地緊鄰的就是蘿蔔和薑的生產區，每當農忙的時候，每天進出的人員、車輛相當多，所製造的便當盒、寶特瓶、檳榔盒……還有田間的廢農藥瓶、肥料袋、塑膠布……經常就散佈在道路的兩旁。

誰說農業一定是綠色產業？現代化農業製造的廢棄物數量也滿嚇人的，尤其愈是號稱「精緻」，或是強調「省工」的，所製造出來的萬年塑膠垃圾，數量愈是嚇人。

很難想像如果不圍起來的話，像蘿蔔坑這樣一塊沒有人看管的地方，會不會變成最方便的垃圾場？

因此，在最後一期蘿蔔收成後的二〇〇三年十月，監獄圍牆就上場施工了。

爲了這不得已的必要之惡該用什麼樣的材質，傷了不少神。既然要講生態、景觀，理論上種植綠籬應該是最好的，那是我理想中的終極目標，也從一開始便從培育植物小苗著手進行中。

可是植物的生長緩不濟急，如果貿然將十公分不到的小苗種上去，恐怕不是被來往頻繁的菜頭卡車壓死，就是被繁茂的雜草覆蓋而亡。至於買一大批已經成齡的植物來種，那太傷成本，也不是我想要的種植方式。更何況……當時根本連水都沒有，植物恐怕會渴死。

「那不然用竹子或木頭的籬笆啊！材質自然，最後還會回歸大地，再環保不過了。」有朋友這樣建議著。

看似不錯的主意，不過到園藝資材行一看，才發現小時候唾手可得，最便宜的天然質材，曾幾何時，加工成規格化的籬笆之後，竟都成了價值不菲的高價藝品。

「那麼，乾脆自己買竹子來編不是更有屬於自己的創意與風格嗎？」又有

鐵絲圍籬，隔絕了垃圾的入侵

朋友熱心地提供意見。

唉！出這個主意的人已經有點不食人間煙火了，眞想邀請他來幫我編製這一百八十公尺長的竹籬笆。我想除非是不用每天上下班的自由人，否則哪來那麼多時間編製圍籬？更何況竹、木製品會腐朽，維修的時候豈不是要將爬在上頭的蔓藤植物全部毀滅？

在時間、金錢的現實考量與自然環保的理念堅持之間，最後我選擇向現實妥協。

蘿蔔坑的四面邊界中，東側及南側傍著一長排的麻竹叢，這是隔壁的農家善用僅餘的一丁點長條狀平台，所種植的唯一經濟作物。再往外走幾步，就是驟降的陡坡，上面長滿了天然的雜木林，因此這兩邊比較沒有垃圾入侵的顧慮。比較需要防範的只有西側臨接農路的部分及北側緊鄰蘿蔔田的上邊界。

範圍決定之後，材料方面，決定採用十公分寬的C型鋼，外側焊上菱形鐵絲網。雖然鋼材價格高漲，可是畢竟金屬可以回收再利用，比起水泥柱，還是環保一些。恰巧賣地給我的前任地主本身就開鐵工廠，爲了答謝他的割愛，就決定委託他來施工。

很快地，材料、機具進場了，爲了減少對環境的污染，柱子是由怪手深挖埋入後，再覆土夯實，並未灌注水泥。如此，**如果有一天，綠籬成形，鐵絲網功成身退時，拔除將較爲容易，也不會留下一堆水泥廢棄物。**

大約一週之後，圍籬完成了，冰冷的疏離感連自己初看時都不順眼，還好早有心理準備。其他人的接受度就更低了，從老婆大人到所有來訪的朋友，無不目瞪口呆。監獄之名也從此不脛而走，但眞是無可奈何。

然而，監獄圍籬的的確確發揮了防堵垃圾的功能，比起大門外經常有一整袋吃過的便當盒，以及四處丟棄的玻璃瓶、飲料罐，裡頭只不過偶爾撿到紙尿褲和破球鞋而已。嗯，種蘿蔔的工人應當不用包尿布才是，大概是鄰居的狗狗幹的好事。

沒關係，這只是過渡時期。**在我腦海中的未來藍圖，這座監獄圍牆將會被綠色植物所遮蔽。植物的暖意將會取代金屬的冰冷。**

這樣的改變正在緩慢的演進中。

鄰接蘿蔔田的部分我一口氣種了幾種爬藤植物，例如木玫瑰、百香果、洋紅西番蓮、大葉馬兜鈴等，因爲爬滿蔓藤的圍籬不僅有花、果可以欣賞，濃密的葉子還可以幫忙阻擋蘿蔔田噴藥時飄下來的農藥味。可惜種植初期欠缺呵護，目前爲止只有洋紅西番蓮頑強地存活下來。不過，還會有其他爬藤植物陸續進駐。

至於鄰接道路的圍籬，豎立時特地往內退縮了一公尺，然後在圍籬外頭，以鋼柱爲界，每三公尺爲一單元地分段種植不同的綠籬植物。想像中的未來，這兒將是各種不同綠籬植物的展示區。現在已經種了小實女眞、紫薇、南洋山馬茶等十餘種，仍在繼續充實中。

總有一天，植物會長大，各式各樣的植物將沿著道路旁，列隊歡迎來到蘿蔔坑的朋友。監獄，終將蛻變成人與自然共享的生機花園，而冰冷的鐵絲圍籬，終將隱沒於綠意盎然的記憶裡。

搶得頭香進駐蘿蔔坑鐵絲圍籬的洋紅西番蓮

植物搬家記

從此，我那崇尚文明的老婆將遠赴蠻荒原始的頂樓澆水視為畏途。也許有人懷疑：真的有那麼誇張嗎？……但連綠繡眼都放膽到我的龍眼樹上築巢了，你說呢？

說蘿蔔坑是買給我家植物住的並不誇張。剛到外地工作時，住的員工宿舍有個一平方公尺不到的小窗台，閒暇興起，把原本種在台南老家頂樓的幾棵仙人掌和多肉植物帶過來，擺在窗台上，開始了蒔花惹草的第一步。

接著陸續住進幾棵小型的植物，像是果實成熟可食的雙花龍葵，它是自己在盆子裡頭冒出來的；還有一盆鐵線蕨，那是同事好意分株送給我，不過在窗

珊瑚油桐、相思樹、雨豆樹從小就肥嘟嘟的

台上老是被小鳥欺啄得七零八落，大概啣回家築巢了吧。

很快地，小小的窗台客滿了。還好當時已經有自立門戶的打算，所以不久之後，植物們隨我一起開開心心地搬到新家的頂樓陽台以及門口中庭，各自擁有適宜的位置。

爲了讓植物們可以享受陽光與雨水的照撫，我的陽台並未加蓋，從遠處回望，好像整排自行長高的社區中間唯一缺掉的一顆牙，綠色的植物佇立其中更像極了塞在牙縫中的菜葉。

原以爲這些空間應該足以讓我的植物們開心地生活，不過事情發展遠超乎我的想像。

植物會長大，加上不知天高地厚的我自恃空間增加，更加肆無忌憚地將吃過的果實種子全播了，舉凡龍眼、荔枝、釋迦、枇杷、酪梨……族繁不及備載，連榴槤都有了，這還沒算到四處撿來的種子，以及少數野外挖來或花市買來的小苗。

因爲我喜歡由小樹種起，所以剛開始確實是感覺到陽台上處處充滿新生的驚喜，經常有小苗發芽，新葉萌放。這樣過了兩年，嗯，整個頂樓可以用生機蓬勃來形容；又過兩年，開始像個鬱鬱蒼蒼的森林了，然後，也不過五、六年的光景，上到頂樓必須彎腰在濃密的枝葉間鑽行，一不小心就被樹枝勾到，偶爾還會有毛毛蟲從眼前的枝條上懸垂下來。

從此，我那崇尚文明的老婆將遠赴蠻荒原始的頂樓澆水視爲畏途。也許有人懷疑：眞的有那麼誇張嗎？……但連綠繡眼都放膽到我的龍眼樹上築巢了，你說呢？而此時，所有的植物仍是在盆子裡強忍著長大的欲望。

所以，買下蘿蔔坑是全家的福祉——從植物到每一個人。

土地成交是在二〇〇三年六月，不過由於原地主與菜頭公司間的合約關係，又讓蘿蔔多種了一期，直到十月才採收撤離，土地使用的主導權終於眞正屬於我。

剛開始時，由於水的來源還沒解決，雖然心裡頭很想快快讓我的植物們「入土爲安」，可是也不敢躁進，因爲**每次上來澆水，都得用塑膠桶、寶特瓶，大罐小罐地在路過山下公廁時，順便裝水上來**。萬一植物太多，供水不足，恐怕渴死。因此，最初只沿著上邊界種了一些西番蓮科和馬兜鈴科爬藤植物的小苗，希望早日爲我那看著活像監獄圍牆，卻又不得不做的鐵絲圍籬遮醜。

由於時序入冬，原本就是植物生長遲滯的乾旱季節，這些爬藤植物剛開始時實在活得很辛苦。每次來到蘿蔔坑時，能看到它們活著是最大的欣慰，也因此更不敢貿然再種下其他的植物。

偏偏自以爲已經有更大一塊地可以揮灑的我，並未從以前的經驗中學到教訓。這回，又犯了同樣愚蠢的錯誤，早就迫不及待地播種，還買了一批原生樹苗在家裡的陽台候著，蓄勢待發準備要進駐蘿蔔坑。

這下原本擁擠的陽台幾乎已經到了寸步難行的地步，全家人&樹，都在期待著，到底要到什麼時候，才能搬到新家去呢？

二〇〇四年四月，旱冬過去之後的第一個春天，自家打的水井終於鑽到地下水層。在拖延許久的電力隨之也完成送電之後，蘿蔔坑第一次有了屬於自己

總是偷偷在半夜裡開花的穗花棋盤腳。

的水，水質超優埔里甘泉，超市價一小瓶十五元。

就在送電出水的同一天，我迫不及待地央請同事的老公開著三噸半中型卡車，兩位壯漢和我（≠壯漢）將頂樓那些已經不可能由樓梯搬下樓的大樹用繩索吊到地面上，再一盆盆地用台車推出社區中庭，搬上卡車。

對門阿伯好奇地詢問這些樹要搬到哪兒去，我開心地告訴他「要種到山裡面去囉！」

三個人累得雙手無力，氣喘吁吁，終於將卡車的貨台裝滿。搬完了嗎？當然不！只是留下的植物體型都比較小，以後可以想辦法塞進我的RAV4，一棵棵慢慢載過去。而此時的頂樓，就像剛被疏伐過的森林一般，陽光終於可以照射到地面，變得好明亮。

二〇〇四年四月二十一日，這批植物家人們，像進香團一般，搭著卡車浩浩蕩蕩地出發，雖然沒有鑼鼓喧天，卻也喜氣洋洋地來到蘿蔔坑這塊土地上，即將與我，以及這兒的眞正主宰——大自然，一起開始重新形塑這塊土地。

女兒的生日樹——黃金風鈴木

不幸的是，勉強足月的小朋友出生沒幾天就被醫生診斷發現呼吸急促，研判可能有肺部感染。為了慎重起見，只好放入保溫箱，住進加護病房。

媽媽出院了，可是小朋友暫時還不能回家，只能在每天兩次的探病時間進去看她。

在每年的三月下旬左右，台灣由南部到中部，有一種平常不甚起眼的行道樹，會在幾天內突然綻放出滿樹金黃色的花朵，在陽光下絢爛出耀眼的光彩，讓所有經過的人看得目瞪口呆。

許多人會忍不住停下原本急促的腳步，拿起手上的數位相機、照相手機，朝著美麗的花兒猛拍。攝影玩家們更不會錯過這難得的機會，呼朋引伴，揹著大包小包的攝影器材，專程來到樹下取景拍攝。

什麼樣的植物有這樣的魅力？

還記得大約十多年前，在台南市的林森路地下道旁分隔島上第一次邂逅這令人驚豔的花木，當時並不知道它到底是何方仙女下凡？沒過幾天報紙上也報導了這美麗的景觀，對於植物的名稱，卻以「經詢問市府農業專家，也不知道這稀有的植物叫什麼名字。」應付過去，眞不知是記者沒做功課，還是這植物當時在台灣尙屬罕見，知道的人眞的不多。

時間推移到今天，全省各地已經多了好多地方以它作爲行道樹，不僅台南的林森路、東豐路可以見到金黃的花海，往北直到南投的水里、埔里，都可以在三月的馬路旁看到這美麗的花木綻放出整排的燦爛。

它的名字叫做黃金風鈴木，分類上屬於紫葳科，原產地在中南美洲，據說還是巴西的國花。也難怪，那熱情如火的感覺的確散發出一股森巴的狂野，難怪巴西人會喜歡它。

雖然是來自遙遠國度的外來客，不過台灣的蜜蜂一點也不排外，每逢開花時，一定會有許多蜂兒圍繞在它身邊，嗡嗡作響。別擔心，蜂兒們採蜜忙，才沒有時間叮人呢。

蘿蔔坑也有四棵黃金風鈴木，它們是我們家大公主的生日樹。

話說老婆懷大公主的那一年，由於是第一胎，完全沒有育兒經驗的我們決定虛心向長輩們從頭學起。小朋友的阿公阿嬤都已經退休，比較有時間幫忙帶小孩，而且看到他們的兒子從小到大勤奮好學、誠懇實在，顯然教養得還不錯，因此考慮後決定安排回台南生產和坐月子，有如此經驗豐富的後勤支援做倚靠，心裡總是比較踏實一些。

台南開山路上的黃金風鈴木

在小朋友出生的前後幾天，我也一同請假回台南幫忙打理住院的事情、添購小朋友的用品、來回於家裡與醫院之間供應補品，還要學習如何做個好爸爸。

不幸的是，勉強足月的小朋友出生沒幾天就被醫生診斷發現呼吸急促，研判可能有肺部感染。爲了愼重起見，只好放入保溫箱，住進加護病房。

媽媽出院了，可是小朋友暫時還不能回家，只能在每天兩次的探病時間進去看她。才出生幾天，又黑又小的娃娃、鼻子上插著管子，手腳還被固定住，以防掙扎時將插管給掙脫。

小傢伙應該還不認得爸爸媽媽，可是極度不舒服的她幾乎每次看到我們都是嚎啕大哭，換來的是探病完畢後，媽媽臉上兩行止不住的眼淚。所以**大部分的時候我不讓老婆去，獨自騎著摩托車去看寶寶，然後回家告訴她：「醫生說今天的情形又好一些了。」**

家門外的東豐路上，就有一排黃金風鈴木。開花的時節是在三月，女兒出生在四月中旬，花剛剛開完。每次從醫院返家時都會經過樹下。雖然明知花才剛謝，不可能那麼快就結出成熟的果實，不輕信「理所當然」的我，仍然抱著姑且一試的念頭。

就在某一天由醫院回家的途中，在樹下停車尋覓，竟然眞讓我撿到了一條裡頭飽含種子的果莢，想來應該是剛剛成熟的果實吧。

感謝老天爺送給我這極具紀念意義的禮物。

當小朋友終於平安出院，老婆也坐完月子，這串果莢就跟著我們全家一起回到了水里。

果莢裡頭的種子很多，挑選其中看來較飽滿的個體播下，然而發芽率並不是很理想，再經過自然的汰弱擇強，最後只存活了四棵。

這四棵黃金風鈴木在陽台的花盆裡住了四年，生長勢一直受到限制，長得不是很快。

直到二〇〇四年六月二十七日搬到蘿蔔坑定植，根系獲得解放之後，才逐漸加速成長。又經過兩個春天，二〇〇六年發現其中最健壯的一棵上頭開出了第一串黃花，或許是要慶祝女兒上小學吧。

隔年，二〇〇七年有三棵黃金風鈴木枝梢上都開出了金黃色的花朵，蜜蜂和不知名的蠅蟲在四周飛繞。

到了今年，二〇〇八年的四月，這三棵黃金風鈴木又開得比往年更加漂亮，其中一棵開花時老葉落盡，樹上綻放出一簇簇的花朵，就像它在台南的媽媽一樣。

不過因爲是實生苗，加上從來沒有施過肥，連澆水幾乎都全靠老天爺，所以不若外頭看到的整片金黃花海那麼壯觀，但是有什麼關係呢？只要繼續健康長大，每年開出燦爛的花朵，就足以讓人賞心悅目、心滿意足了。

就像我們家女兒，只要平安快樂長大，每年看得到她的點滴成長，那就好了，何必要求每次都要考出名列前茅的成績呢？

自然就是美，平安就是福。

我希望女兒們平安快樂長大，就像每一株植物一樣

綠意・含苞・綻放

黃金風鈴木未開花時，模樣其實很平凡
二月裡，簇生的黃金風鈴木花苞
金黃豔麗的花瓣上有幾條紅色縱斑，迎接蟲蟲降臨

水電傳奇

心情忐忑的我三、兩天就前往現場關心一下打井的進度。我心中期待著像電視上鑽探石油的場景一般，一股清泉由鑽頭旁邊驟然噴出，衝向高空……

水和電是現代生活不可或缺的維生系統。打一出生，用水和用電就跟呼吸空氣一樣理所當然的文明人，恐怕沒有想過在沒有水龍頭、插座的環境下，該如何生存下去。所以即使是高山上與世隔絕的避難山屋，都還千方百計地用太陽能發電，用儲水桶積存落在屋頂的雨水。

蘿蔔坑的志業要出發，首先要讓植物有水喝，還得要讓來此勞役的人有休息落腳的地方，當然，免不了要有水有電。

看看傍著農路就有一排電線桿，電，應當沒問題；而附近既然種了那麼大面積的蘿蔔，想必也一定有水。想來比起高山上的避難山屋來，應該是簡單許多。

想像總是比眞實狀況簡單，實際操作起來才發現箇中的「楣角」也是一門大學問。首先面臨的是法令的問題。

蘿蔔坑是塊農地，理所當然得申請農業用電。自從農地開放買賣之後，政府擔心大家拚命買農地蓋別墅，因此強調農地農用，用管制供電來控制開發行爲是貫徹農地農用的手段之一。

如果土地上先有了違建，那要申請用電恐怕就比較坎坷。因此在土地成交之初，趁著地上還在種蘿蔔，我立即委託水電行幫忙申請。一塊耕作中的農田，應該沒有問題，果然在大約一個月後，電錶就順利安裝好了。

水的部分就沒有那麼順利。

一開始，水電行老闆建議我在附近山溝找找看有沒有水源，水管拉一拉就可以，這是最省錢的方式。問題是蘿蔔坑雖不在山頂上，但也離山頂不遠了，何來山泉水？向附近農家打探，才知這附近的灌溉用水全是由底下中路坑溪畔的水井用馬達打上來的。

那麼向鄰居買水吧！對面有家農戶正蓋好一棟鐵皮農舍，成爲這片南向的山坡上第一戶落腳的居民。他的民生用水與灌溉用水也都是由坑底打上來的，接管過來用，付一些材料費和水費，說不定可以。

誠心誠意地拜訪過幾次之後，和善的鄰居答應和他的家族成員們談一談。原來由坑底上來的農路兩側，全是他父親分給他們兄弟姐妹，還有他的兄弟姐妹們又分給下一代的土地，水源屬於大家共有。

這一談，又是一個月過去，據說過程意見分歧，最後好不容易形成共識，先收我五萬元的管路材料分攤費用，之後每個月按錶計費。當然，費率比自來水高得多，而且以後如果需要維修時，還要再分攤費用。

這下輪到我猶豫了，倒不是錢的問題。共同分攤經費理所當然，而我這外來者展現誠意多分攤一點也無所謂，只是這人丁興旺的大家族中，人多嘴雜，裡頭還有位年輕小夥子對我這貿然出現的外星人似乎不太友善，萬一有一天家族中哪位突然又有意見，說斷水就斷水，那麻煩可就大了，即使要簽約以防這種情形發生……這一大家子人，散居各處，最遠的據說還住在台北，得要怎樣才能一網打盡呢？

左思右想，我最後決定放棄這眼前看似最簡便的方法，改採一勞永逸的做法——自己打口水井吧！

對於打井這回事，一開始我想得很單純，只要直直往下鑽，總有打到地下水層的一天。可是水電行老闆告訴我，**地下水不是處處有，就算打到水，水質也未必可用——更何況是蘿蔔坑這種懸在半山腰的乾旱地……**

於是我鼓足勇氣找了兩位當地的鑿井師傅來勘查，他們都認爲應該會有水，而且以附近地區鑿井的經驗，水質應該不錯。不過也有壞消息：蘿蔔坑的位置太高了，少說得打個五百尺才會有水，每尺的單價是新台幣八百元。

能有水就阿彌陀佛了。錢，就忍痛吧！

在終於等到水權申請、水利單位勘查等漫長的行政程序完成之後，鑿井的機具終於進場了。

心情忐忑的我三、兩天就前往現場關心一下進度，心中期待著像電視上鑽探石油的場景一般，一股清泉由鑽頭旁邊驟然噴出，衝向高空……

當鑽井老闆以專業的口吻告訴我已經到達五百尺，望著鑽桿帶上來的爛泥巴，我的心中充滿著狐疑。直到試水的當天，親眼看著吊車吊入深水馬達和一節節的不鏽鋼水管，嗯！深度沒騙人。然後又借了**變電器**來**試抽**之後，終於看到源源不絕湧出的清水，那眞是感人熱淚的一刻啊！

變電器？試抽？蘿蔔坑不是從此成爲流水淙淙的九寨溝了嗎？

即使是僻處深山的避難山屋，仍會貼心地提供儲水與緊急用電

靠著這一百多米的不鏽鋼管，將地底下的水抽取上來

蘿蔔坑外原本就有整排的電桿，供電不成問題

並不是！

沒錯！麻煩又回到「電」上頭了，原來深水馬達得用三相動力電。我早先順利申請到，兀自開心的農業用電，根本派不上用場。而且申請動力電的限制遠比農業用電更加嚴格。

幸好，除了水井是合法取得水權，在土地部分，我之前也已未雨綢繆地分割完竣，於是這回改用另一筆屬於老婆大人的土地，再申請一戶動力用電。即使這般洞燭機先，仍舊花了我整整兩個月的時間，才終於將電的問題完全搞定。

總計由二〇〇三年六月開始辦理用電申請，到二〇〇四年四月，清水終於源源不絕流入儲水桶，前後共花了十個月的漫長時間。這過程不僅幸運地圓滿解決水、電的問題，還見識到法令的多如牛毛，以及與政府機關打交道的磨人，增長了許多膽識與見聞，眞是獲益良多啊。

如果你正準備進行同樣的事情，這篇文章，敬請務必參考。

我的怪手

不過一年多時間，我們家怪手已經由七萬元增值到十萬元，真是愈老愈值錢，更別提苦苦哀求維修師傅大老遠上山維修的不便了。

我的怪手，指的當然不是父母生給我，幫我敲電腦，寫文章的這雙肉臂。我要談的是蘿蔔坑這部破舊得可以的老爺挖土機。

面對一塊將近一甲的土地，一部屬於自己，隨時可以使用的挖土機是有必要的。

試想當你要種一棵樹的時候，如果用的是鐽子，可能得在大太陽下揮汗半小時才能挖好一個樹坑，將樹種下去後，還得花十分鐘將土覆蓋回去。對於平常較少勞動的上班族來說，此時雙臂即使沒有抽筋，大概也顫抖不停。若是在夏天，說不定還會中暑。

可是換作怪手上場，挖好一個樹坑大概只要兩分鐘，將土回撥的時間也差不多，最重要的是輕而易舉。若是園子裡需要改變地形，創造一些起伏的地景，那就更需要怪手了。

也許有人會覺得養一部怪手有點小題大作，眞有需要時再花錢僱用就好了。其實也對，專業的怪手師傅動作又快又精準，比起我這無師自通的三腳貓功夫，效率高又不會出錯。

但是，那適合用在經過細部設計，一氣呵成的計畫性施工。像我這種一個禮拜只種幾棵植物的玩票方式，眞的沒有怪手師傅願意來，而且也不划算——即便是最小型的怪手，連人帶車一天下來就要六千元左右，還不包括板車來回運送怪手的費用在內。

所以在買下蘿蔔坑的時候，我心裡就盤算著該買一部中古的小怪手來幫忙，這好像也是許多男人小時候看到怪手無堅不摧的豪情時，心中的小小夢想。

雖然知道彰化芬園的中彰快速道路高架橋下東西兩側，有一整排賣怪手的商家。怪手規格從大到小，應有盡有。但一方面是沒時間前往，另一方面也擔心外行人去挑怪手，會不會被商家抬高價錢，所以一直僅止於想想而已。

或許眞的是與怪手有緣吧！就在蘿蔔坑鑽鑿水井的時候，鑿井公司載來一部破怪手，進行鑿井前後挖蓄水池與復原的工作，而在水井施工期間，這部怪手就一直擺在蘿蔔坑閒置著，看起來一點也沒有身爲怪手該有的雄壯威武。

當工程結束時，我心想老闆對於重機械應該是閱歷豐富，所以應可以向他請教一些買怪手的門路與訣竅。

愈老愈值錢的老怪手可以幫忙挖植樹的洞，省卻我不少力氣

就在我誠心誠意地提出問題之後，老闆低頭沈思五秒鐘，再抬頭望望他的破怪手，最後給我一個也很誠懇的答案：「那這一部賣你好了。」

原來在老闆原先的規劃中，這部老怪手離開蘿蔔坑後，就要送進廢鐵場拆解了。這年頭金屬行情飆升，還可以榨出一些剩餘價值來。

看著眼前這部老態龍鍾的怪手，Mitsubishi廠牌，車齡保守估計二十年以上，說不定還更老，足以和我稱兄道弟了。

駕駛艙的門不見了，前擋風玻璃也沒有，座椅剝落得只剩污黃的海綿墊，椅背早已癱平在椅墊後頭，坐在上頭大概比坐圓板凳舒服不了多少。後頭的引擎蓋也缺了一片，稍嫌過大的車體，還有大得與車體有點不成比例的挖斗，看了又看，實在沒有讓人喜歡的動機。

唯一喜歡的是老闆開的價格：七萬元，而且已經送上門來，不必再花板車運送的費用。老闆大概也看出我的猶疑，很阿莎力地把車留著讓我試用一陣子看看。

於是，**三不五時我就到蘿蔔坑練功夫。在地上挖個坑，在一旁堆座小山，再把土塡回去……**

感覺它雖然已經老態，但機件的運作還算順暢，雖然比原先計畫購買的機型虛胖了些，但想想剛開始如果需要較大規模的整地，挖斗大一點比較有效率。而且新手上路，操作不純熟容易傷車，萬一不小心把車開掛了，也比較不會心疼……在找了許多阿Q的理由說服自己之後，我終於決定收容這部老怪手成爲蘿蔔坑的一分子。

有了一部怪手之後，在整地與種樹時的確節省相當多的力氣與時間。除此之外，我還逐漸發掘出它除了挖土之外，還有許多好用的地方，祕密公開如下：

一、除草機：說是「除」草機而非「割」草機，因為除草的方法有很多種。

蘿蔔坑有大面積的荒地，雖然以不干擾其自然演替為基本原則，但遇有非除不可的外來入侵植物如小花蔓澤蘭，或有新的植物要進駐的時候，仍需局部除草。

挖土機的除草絕技有兩種，對於地面蔓生的藤蔓植物，只要用怪手的指頭輕輕一勾，大片的藤蔓應聲而起，畢其功於一役。

另外一種情形是當園子裡的荊棘密生到無法徒步通過時，最快的方法當然就是開著怪手直達目的地。所經之處，一經履帶輾壓，所有雜草立即伏地。如此開出來的步道，至少可以維持個把月通行無礙。

二、搬運車：園子裡的地形稍有起伏，又沒有固定的車道。這時怪手履帶克服困難地形的功力就派上用場。

我的怪手有一個與車體不太成比例的大挖斗，容量至少一立方公尺。雖不如搬運車大，但在園子裡工作時搬運樹苗、工具、肥料、土石等等已綽綽有餘，相當方便。

三、拖吊車：怪手的手臂孔武有力，在蘿蔔坑有另一個相當重要的用處——拖吊。因為蘿蔔坑的紅色黏土每逢下雨又溼又滑，不知有多少來此工作或送

多虧老怪手的幫忙，蘿蔔坑擁有滿園的綠意

貨的車輛在此誤入陷阱動彈不得，所以怪手扮演超人的角色拯救無辜車輛已成重要職責之一。

四、遮陽傘：夏天在缺乏遮蔭的蘿蔔坑工作是一種酷刑，此時將碩大的怪手開到近旁，將挖斗高高舉起遮擋住太陽。在陰影的庇蔭下，再加上山上徐徐輕風，酷暑將立即變爲涼夏，效果甚佳。

不過這部老爺怪手也有先天的缺點，年紀大雖是非戰之過，但經常得維修是個令人困擾的問題。

自從七萬塊買下之後，不過一年多時間，我們家怪手已經由七萬元增值到十萬元，眞是愈老愈値錢，更別提苦苦哀求維修師傅大老遠上山維修的不便了。

過大的身軀讓它無法從事比較細部的工作是另一個問題，還好初期大部分工作是屬於大地形的整理，它的大挖斗正可適才適所。等到大地形整理妥當，開始進入細部佈置階段之時，應該也是我的老怪手壽終正寢，由年輕力壯的小怪手接班的時候了。

我的怪手

割草記

哇！裡頭竟是兩顆帶著粉紅色斑紋的鳥蛋，長度一點五公分不到，好可愛。看來應該是斑紋鶺鴒的寶寶，原來牠們已經悄悄搬進來，成了蘿蔔坑的居民。

但更慘的事還在後頭，就在我匆匆忙忙拿相機回來拍照時，明明鳥巢裡有兩顆蛋，現在卻只剩一顆蛋，而我怎麼都找不到另外一顆……

「過去的一個多月裡，雨不停地下，滿園子的雜草像吃了生長激素一般，不停地長高，讓我每次一到蘿蔔坑就發愁，文章幾乎寫不下去，因爲除了雜草以外，其他的一切在迅速被淹沒當中……」

二〇〇六年五月的梅雨季之後，我滿心無奈地寫下這麼一段文字。

事實上，中台灣的雨量非常豐沛，除了十一月到一月間的乾冷冬季之外，雜草的生長速度一直是揮之不去的夢魘。用雙手拔草的田園雅士風在這片近三千坪的土地上像是小孩玩扮家家酒一般，不切實際，是到了該採取作爲的時候了。

先談一下爲什麼我一直不願意用割草機的理由。

不用殺草劑一般人容易理解，因爲殺草劑不只殺死我們想除掉的草，還會殺死被誤噴的其他植物、動物，更可怕的是會殘留累積在土地裡、果蔬上，一點一滴地經由食物鍊吃進許多無辜的昆蟲、小鳥、動物，乃至人類的肚子裡頭，是長效性的自殺毒藥。

可是**割草機呢？把草割一割，不是感覺比較乾淨嗎？**

對人類來講是的。

可是在我看到園子裡這麼豐富的植物種類，這麼多樣的蟲蟲，這麼可愛的小鳥，我知道不經選擇地把草割掉，就是把小動物的食物除掉、把牠們的家毀掉。認識牠們愈多，我就愈捨不得除草。

我原先樂觀的想法是只要把幾種過度氾濫的強勢雜草，像小花蔓澤蘭、加拿大蓬、鬼針拔掉就好了，可是現在所有的雜草密密麻麻地混成一個種族大融合的國度，我已經很難走入草叢中，將這些不受歡迎的草類分辨出來。

一開始是老婆先受不了。

她告訴我，在房子四周的草割過之前，她不想再踏上蘿蔔坑一步。最後我只好妥協，讓她買了一台電動割草機。我想割割房子四周的短草應該是夠用了。

來到蘿蔔坑生寶寶的斑紋鷦鶯

於是在六月初，我們一家人興匆匆地帶著新玩具到蘿蔔坑，老婆努力地用割草機在她的勢力範圍大顯身手。

馬達聲震天價響，一個小時下來，果眞在小屋前面殺出一片空地來，看來還眞是清爽許多，倒是老婆噴濺一身草屑成了稻草人。

這種割草機一次大概只能玩一個鐘頭，因爲電動馬達會過熱，人的手臂也會過熱，可還眞是玩具級的玩意兒，所以僅適用於延長線搆得著的小庭院使用。

看來，如果我還想在這塊土地上頭實現一些自己的想法，那就必須容許自己擁有足夠的干預力量。終於，我下定決心買了一台專業級的背式汽油引擎割草機，四十三匹馬力。老闆拍胸脯保證：絕對夠力的啦。

獨自載著新買的割草機到蘿蔔坑工作，我給自己定下的原則是：房子周圍除得乾淨些，這是家規規定的重點區域，至少讓老婆小孩可以在外面活動，不用怕鬼針、扛板歸沾滿身。

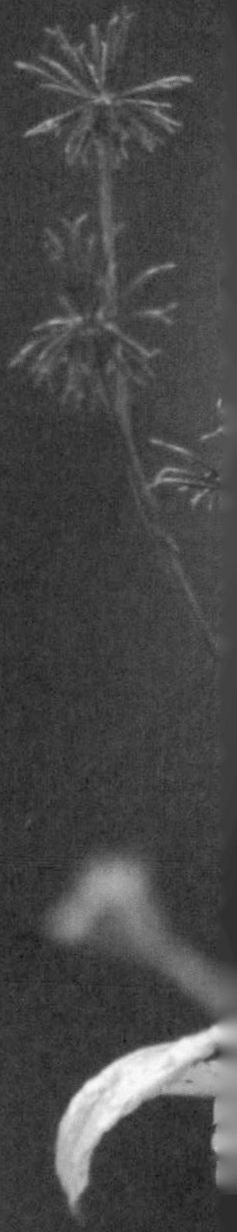

其他的地方，只要砍出一條路，讓我可以走到每棵種下的植物身旁，問候它們，幫它們除除草，也就夠了。

一開始，我先在房子四周練習。危險工具剛開始用，還不太熟練，我小心翼翼地，也有些笨手笨腳。漸漸地，我領悟出一些力道的掌握與章法，開始大膽了起來。

小屋的東面，原來空出來當停車位的地方早已被好幾叢足足有一個人高的加拿大蓬佔領，今天總算扛著武器，收復失土。

很光榮嗎？噢，並不！當我砍得正順手時，卻瞄到一棵倒下的加拿大蓬上竟然有個乾草做成的巢，雖然很爲自己的粗心大意懺悔，但已經來不及了。我想這個巢，鳥媽媽一定不敢再回來孵。

看著這個巢，我心裡猜想巢主會是小鳥，還是巢鼠呢？隱約看到裡頭有個粉紅色的小東西，會是隻乳鼠嗎？這個巢築得很密實，左翻右看，還是無法由隙縫間窺探清楚裡頭的祕密。

好奇寶寶終於忍不住將巢拆解。

哇！裡頭竟然是兩顆帶著粉紅色斑紋的小鳥蛋，長度一點五公分不到，好可愛。看來應該是斑紋鷦鶯的寶寶，原來牠們已經悄悄搬進來，成了蘿蔔坑的居民。

但更慘的事還在後頭，就在我匆匆忙忙拿相機回來拍照時，卻遍尋不著其中一顆蛋，然後……My God！竟然在我的鞋子底下發現。

那顆蛋已經整個破碎，還和著地上的泥沙黏糊成一團。我心中的愧疚可想而知，唯一可以自我安慰的是：裡頭只有蛋黃和蛋白，小鳥尚未成形。

但報應卻很快就發生了。

當我砍到屋後的瓦斯桶旁時，清脆的「鏘！」一聲，遮蔽瓦斯桶用的鋁質景觀護欄那四公分見方粗的柱子竟然應聲切斷，變成上下兩截。果眞是削鐵如泥啊。

我心中不免冒冷汗。如果被砍到的是人的骨頭，或者直接砍到瓦斯桶上呢？眞不敢想像這後果，還是小心謹愼些吧。

砍了一上午，除了屋子四周，還從大門口沿著花木步道，繞過果樹區，回到小屋，砍出一條小路來。

一路上，誤傷的鳥巢至少有三個，我已經不忍心再去檢查裡頭有什麼東西了。只能自欺欺人地將巢藏到旁邊未砍的草叢裡。

而心中愈發明白，要是狠下心來將整個園子的草全部殲滅，那將會殘害多少生命啊！

收工時，雙手發抖，不是因爲今天造孽太多，而是因爲提了一上午的割草機，手臂操勞過度。有了第一次的實戰經驗，以後應該比較能調和身體的律動，也更能掌握砍草時的取捨。

回家好好休養，下回繼續努力。

但更慘的事還在後頭，就在我匆匆忙忙拿相機回來拍照時，
卻遍尋不著其中一顆蛋，
然後……My God！竟然在我的鞋子底下發現

一不小心，被割草機砍到的護欄……還好，這不是我的腳

我這個赤腳醫生，暫且先幫它裝上義肢吧

砌石達人

從溫室平台走下來的那座砌石樓梯，我曾試著自己畫設計圖，開著老怪手比劃了半天，只差一點沒把擋土牆給拆了。

蘿蔔坑是塊坡度和緩的山稜地，要蓋房子之前，必須先在緩坡地形上整理出一方足以將房子擺放上去的平台。

最常見的工法，是用水泥砌起一道擋土牆，再將牆內用土方填滿、壓實。這種形式的擋土牆大家都見過——台灣的山區道路兩旁到處都是。光禿禿、冷冰冰的水泥擋土牆不僅阻絕了牆裡牆外的世界，也拉開了牆上牆下的距離。那幾近垂直的平滑面，別說人爬不上去，就連習慣爬上爬下的台灣獼猴，遇到這種擋土牆，也只能望崖興嘆，繞路而行。

見多了醜陋、沒有生氣的水泥牆，我不希望蘿蔔坑也是這副模樣。相較之下，我喜歡傳統的砌石工法。利用天然的塊石，一塊塊，用最適切的角度緊密依偎；一層層，由大到小砌築最穩固的平衡。**這樣的塊石駁坎能排水、會呼吸，還可以讓植物生長，提供小動物棲所**。雖然比較費工，可是對環境生態而言，好處多多。

由於石頭的重量很重，現在的砌石工法已經用怪手取代了大部分的人力。別看這石頭只是一塊塊地疊上去，牆面是否平整、疊砌是否牢靠，完全取決於砌石師傅的技術，砌到一半牆腹外凸，甚至坍塌的事情也不是沒發生過。

因此尋覓一位砌石技術可以信賴的師傅是相當重要的。爲此，拜訪山腳下認識的民宿主人，拜託他推薦村子附近技術較佳的人選。

沒想到他和旁邊的朋友幾乎是不假思索地異口同聲說：「那找阿海就對了。」

透過電話，聯絡到朋友口中的阿海。我們約了一大早的時間看現場，因爲他必須在八點鐘準時到別的工地工作，只能利用上工前的時間來勘查。

第一次見面，感覺這人對於自己的專業的確很有自信，不斷地詢問我的需求，也提出他自己的想法，還提到一些以前的施工案例，感覺是要我放一百個心信任他。

經過數十分鐘短暫溝通，對於這個平台的砌築方式，我們已經有了相近的藍圖。至於塊石究竟要用乾砌或是水泥漿砌這個部分，我們也有著相同的觀點——只要乾砌的功夫夠好，根本無須再用水泥固著，因爲加了水泥的砌石擋土牆，其實和水泥擋土牆沒什麼兩樣。

阿海的年紀大概四十來歲，講話時臉上經常帶著笑意，態度也很和善，跟

阿海的砌石功夫實在好，
砌好的牆基看過去是一道平整的直線

工地裡看到那些挺著鮪魚肚，口中嚼著檳榔，出口不離三字經的怪手司機相比，形象大異其趣。這份工作算是談妥了，但是他也明講，因爲手上還有一些工作在消化，所以得多等一陣子。

依據老婆挑選餐館的法則——排隊的人愈多，一定愈好吃。就等他吧。

果然，雖然多等了個把月，但是他和他的200型大怪手一進場，立即展現出既敬業又專業的工作效率。

每天早上八點鐘一定準時到達工地，如果有事情晚到，也一定做滿八小時才走。上工的時候，只帶著一罐白開水，周潤發和勞動朋友最愛喝的維X比，對他一點吸引力也沒有。

他的身上不帶手機，白天有事情聯絡，唯一找得到的是他老婆。趁著他中午回家吃飯或是打電話回家時，順便傳遞消息。

我曾問他爲何不將手機帶在身上，方便聯絡事情，答案很有獨特的海式風格——他認爲工作到一半接手機，浪費的是業主的時間，所以他寧可不帶。

蘿蔔坑的第一座砌石擋土牆，是爲了蓋溫室而建的

阿海的專業可以在工作進行間看得出來。牆基的直線，只有在施工前用鋼筋綁上紅色尼龍繩標定過一次，然後，爲了不妨礙施工，紅線就此撤除。現在的工地都有雷射光束可以精準地定線，那時候可沒這方便的玩意兒。

而那條直線，彷彿就烙印在他的視網膜一般，神奇地映射在砌築出來的石牆上。不只牆基成一直線，連牆面都在他精巧地翻動每一塊石頭之後，不可思議地趨近同一平面。

阿海沒有帶小工，唯一的幫手是他的大怪手。人機合一的神奇默契，即使給我和我的老怪手十年閉關苦練，恐怕也無法做到。

他的工資比別的怪手師傅貴，可是請別人通常還得多請一個幫忙塞石頭縫的小工，兩個人加起來的速度卻還未必比得上阿海一個人。

在阿海的身上，我看到了一個人對自己專業的自信、誠信與無私的責任感。砌石達人，海哥當之無愧。

也因此，在溫室平台砌好之後幾個月，我又請海哥幫我砌了下方邊界上的擋土牆。

這道牆最高處大約五公尺，不僅不能垮，還要夠堅固到足以承受住大雨時由上頭匯聚下來的大水，讓這些水流在擋土牆前的窪地蓄積，轉向朝另一個方向排洩而去。經歷了三個雨季，這道擋土牆迄今穩如泰山。

還有從溫室平台走下來的那座砌石樓梯，我曾試著自己畫設計圖，開著老怪手比劃了半天，只差一點沒把擋土牆給拆了。最後還是海哥的功夫了得，僅僅花費一天的時間，就搞定這座我最津津樂道的階梯。誰說樓梯一定要用水泥砌？

這些工程完成已兩、三年。前一陣子翻閱一本埔里地區的鄉土雜誌，看到一篇報導，那是某個社區的二胡教學活動，而照片上坐在台前那位身著白色唐衫，臉上帶著一抹微笑，專注地拉著胡琴的師父，不正是久違的海哥嗎？突然憶起有一天晚上打電話到他家，嫂夫人說他拉胡琴去了。

原來，開怪手和拉胡琴，需要的同樣是一份對專業的熱愛與執著。想到這兒，我不禁也笑了出來。

蘿蔔坑附近俯瞰埔里與奇萊

蓋屋記（一）規劃構想篇

熱心的建築師認真地幫我東增西擴，畫出一棟頗有造型的度假小屋。但為了不在申請建照中，讓長官們認為我掛羊頭賣狗肉，我還是婉謝他的好意，把房子的規模「瘦」回來。

在買下蘿蔔坑的初期，每次上山工作時，一方空地，想尿尿得躲到較高的草叢後頭尋找掩蔽，太陽曬得快昏厥了，卻是無處遮蔭，只能拿出當兵出操的意志力，撐持到底。

如果只有自己一人還好，各人造業各人擔。若是氣質一派的老婆和兩位小公主一起來的話，遇到這些狀況，通常只能在三票對一票的民主原則下無奈地撤離。

這樣下去可不是個辦法，如果人在這兒連基本的維生系統都成問題，又怎有心情爲其他的萬物生靈謀福利？基於人道考量，在水、電完成之後，接下來最重要的事就是蓋一棟可以遮風避雨又附設馬桶的小房子，作為來此落腳休息的地方。

在農地上蓋房子是繼水、電之後的另一門大學問。

如果要蓋農舍，那得土地持有兩年之後才能著手進行。這麼漫長的時間，我若沒被妻女拋棄，一個人在荒郊野外獨自墾荒，要不大概也被冠上個凌妻虐童的罪名，實在是緩不濟急。

還好有另一個比較迅速的合法管道——蓋農業設施，只要確實是作為農業經營用途，又符合法令規定的設施項目，就可以申請建築。

這太好了！因為擁有一棟溫室一直是我的夢想。我喜歡種仙人掌和多肉植物，而這類植物大部分需要強日照，又不需經常澆水。如果能有一棟溫室，就不用擔心日照不足長不好或是雨水太多把植物給泡爛了。

所以既然可以建農業設施，那就蓋一棟溫室吧！也只有這樣，才能附帶蓋一間小小的「工作室」，讓家人可以有個落腳歇息的地方。

有此煞費苦心的目的在後頭加持，老婆也只好無奈地同意我在一片荒蕪的雜草園中間，鄭重其事地蓋起溫室來。

原先我腦海中期待的溫室是經過精心設計、有著優雅的造型金屬骨架、光亮的玻璃外牆與屋頂，還有恆溫、恆溼的自動控制系統。植物在裡頭會自立自強地活得健康漂亮，而我只要三不五時進去欣賞一下可愛的植物就好了。

可惜夢想的氣球很快被尖銳的現實戳破。

在四處搜尋資訊，請教有經驗的溫室使用者與製造者後，這才發現景觀用的溫室與生產用的溫室是不同的。

花錢蓋一棟造型獨特的景觀玻璃溫室並非不可能，但是如果要爲這樣一棟與眾不同的溫室規劃自動控制系統，那所要花費的經費與未來消耗的能源將是相當可觀。最麻煩的是在台灣一時之間還不曉得到哪兒找人設計這樣的東西。

反觀生產用的溫室，設計製造的廠商就比較多，而且由於台灣近幾年精緻農業發展得十分快速，溫室業者爲了農業生產者的需求，不斷精進改良，設計出規格化的整廠輸出溫室，在環境控制的功能上可以做得比較完善。相對的，比起景觀溫室來，建設成本反而經濟實惠許多。

至於外觀，唉！那就別挑剔了吧！畢竟是生產的工具，誰願意花錢在一些華而不實的外表上呢？

爲了詳細了解溫室的規格與功能，我花了一天時間，帶著一家老小遠赴嘉義朴子的溫室工廠參觀，直接與老闆商談。

雖然蘿蔔坑距離這家工廠有一百公里之遙，而且我想要的小小溫室對這家大工廠而言，沒什麼經濟誘因，但或許是我不遠千里前往取經的認眞態度感動了老闆，不僅老闆親自出面接待，還帶我去參觀整個工廠的生產線。

最後，在夢想、美觀與務實、經濟的選項之間，我再度向現實妥協，決定採用生產用的溫室。其中最主要的原因是：這似乎比較能說服把關的政府官員們，這座溫室就是「農業設施」。到最後，甚至連玻璃屋頂都換成了塑膠布，畢竟現階段的重點並不是這座溫室。

由於溫室的材料是規格化輸出，老闆沒有意願多費工夫另外爲我設計建造

有著典雅造型的玻璃溫室是我的夢想，不過造價昂貴

生產用的溫室造型欠缺美感，但是比較平價

連接在一起的「工作室」，所以只好另外委託建築師設計，順便辦理合法的建築申請程序。

工作室的部分我找了一位埔里在地的建築師幫忙。原先自己的構想很簡單，爲了配合溫室的規格，所以工作室並不大，六公尺乘四公尺見方，大約七坪左右，只佔總建築面積的五分之一。熱心的建築師卻本於他的專業與美感，認眞地幫我東增西擴，畫出一棟頗有造型的度假小屋來。

眞是感恩又尷尬，可是我眞的只是想要一個可以吃飯洗澡上廁所的小工寮而已啊。爲了不要在申請建照的過程中，讓長官們有掛羊頭賣狗肉的質疑，我還是婉謝了他的好意，把房子的規模又給「瘦」回來。

不過，爲了想多增加一點點可利用的空間，我的小工寮倒是特意挑高了些，以備上頭將來可以做個閣樓……堆置肥料資材之用，只是偶爾材料堆得少時，人可以在上頭小歇片刻。

當然，即使只是個小工寮，外觀上還是要好看一些。斜屋頂，上頭加個造型兼採光的老虎窗，多少彌補一下溫室的平凡無趣。

在溫室與工作室的設計圖都定案之後，我還不能立刻找人動手就蓋，因爲必須先完成申請建照的程序。箇中甘苦，下回道來。

蓋屋記（二）周旋官府篇

不聽還好，愈聽愈緊張。

原來許多無意間的作為，都可能成為申請案被駁回的理由，例如土地上先蓋了一棟工寮，駁回！最令我手心冒汗的是「農地四周興建圍牆……駁回！！」天哪！那我的監獄鐵絲網該不會……？

溫室及工作室都設計妥當之後，就要開始進行申請合法執照的程序。因爲蓋的是農業設施，所以第一步要申請的是「農業容許使用證明」。

早先我曾經自己到鄉公所探過門路，一路洽詢到農業課的承辦小姐。也許因爲經常要與各種民眾交手，這位長官第一眼看來滿嚴肅的，在我說明是想申請農業設施之後，她滿臉狐疑地看著我，因爲據說眞正蓋農業設施的人，申請者稀，會乖乖來申請的十有八九是假農業設施之名，行蓋樓住人之實。

儘管如此，長官還是很便民地給了我一張申請表格。上面的項目五花八門，一欄欄井然有序地排列著，卻令人看得發愁，不知從何填起。例如：作物種類、年產量……我可以誠實地說我只是想種幾棵仙人掌嗎？沒辦法，只好先帶回家琢磨琢磨。

後來案子委託建築師辦理，原以爲之後只要坐在家裡高蹺二郎腿等著執照送上門來就好，但這想法有點天真。建築師在研究幾天之後，又將表格拿回來給我。其中有關建築構造方面的項目已經由他填寫完畢，可是關於農業使用的部分，他也只能雙手一攤。

唉！也罷，只好自己做文章了。想像一下有了這棟溫室以後，如果有一天我失業了，可以返家務農……原來這一題是情境題。於是發揮想像力填上了「培育高經濟花卉種苗，年產量二十萬株……」填好之後，如釋重負地交還建築師送進鄉公所掛號，靜候傳回佳音。

過了將近三個禮拜，終於收到會勘通知。心中戒愼恐懼，硬逼著建築師事務所無論如何得派個人來幫我壯膽，免得不懂江湖規矩的我不小心說錯話，壞了大事。

但不知道建築師是不是對我沒用他設計的度假小屋有一點介意。會勘當天，派來的竟是一位剛出學校沒多久的年輕小姐。算了，男兒當自強，還是靠自己將近四十載的人生閱歷自力救濟吧！

行前特地將車子裡裡外外清理乾淨，再到鄉公所接了農業課以及縣府農業局的承辦人，加上建築師事務所的小姐。車裡除了司機我之外，滿滿都是女生，這場面更是讓我緊張得不敢開口。

合法守則第一條：千萬沉住氣，在申請核准前，現場最好別動工

一路上，我豎起耳朵聽後座兩位女長官互相抱怨著工作上的甘苦，試圖從隻字片語間尋得待會兒安全過關的通關密語。

不聽還好，愈聽愈緊張。

原來許多無意間的作爲，都可能成爲申請案被駁回的理由，例如土地上先蓋了一棟工寮，駁回！土地上未經核准先行整地，駁回！最令我手心冒汗的是「農地四周興建圍牆……駁回！！」天哪！那我的監獄鐵絲網該不會……？

好不容易捱到望見了蘿蔔坑，我勉強擠出一絲僵硬的笑容，指著路旁的鐵絲圍籬，回頭問後座的長官們：「那……這個……」

「喔！鐵絲網是非固定基礎，又是透空，沒關係啦！」

好險！我將一顆快要跳出喉嚨的心臟呑了回去。

另外一位流域管理局的男長官隨後自行開車到達現場，幸好我的水井初始就合法申請水權，因此長官只確認一下我的井址後就沒有意見了。

三位官員在蘿蔔坑左看看、右瞧瞧，詢問我要蓋的位置、以後的用途等

蘿蔔坑的常客，最美麗的大紅紋鳳蝶

等。似乎像福爾摩斯一般想從我的答案中瞧出話語間的破綻，然後振臂一揮，敲下驚堂木：「來人哪！駁回！」

我小心翼翼地應答著，並且提及自己任職的單位正是個從事園藝工作的農場，因爲興趣，所以才想在自己的土地上蓋棟溫室，栽培一些作物。

萬萬沒想到，因爲這句脫口而出的理由，竟然就與其中一位長官搭上了關係，原來我的單位有一位同事恰巧與她是專科同學。

一搭起友誼的橋梁，突然間，現場的氣氛變得非常親切融洽，好像老朋友聊天一般。台灣果然是個人情味濃厚的小島，大家也終於相信我是眞的要蓋一棟農業用的溫室。

在愉快中結束了今天的會勘，臨走前長官還是不忘盡忠職守地撂下一句：「以後如果有違建，我們還是會來查辦。」

「農業容許使用證明」的階段終於安然度過。取得證明之後，緊接著還有第二關，因爲興建總面積超過四十五平方公尺，而且位在山坡地，所以還必須向縣政府申請建築執照。依照水土保持法，還要做簡易水土保持計畫。

這個部分，建築師的專業能力與人際關係終於派上用場。由於溫室的規模並不大，加上又是合法申請的農業設施。建管課的長官勘查現場的時候，頗能體恤小民，迅速快捷，也沒再出題拷問。事後雖然還是得排隊等待核照，不過這回等了一段時間之後，建照就順利核發下來了，總算覺得委託建築師還是有用。

萬事俱備，就待起風揚帆，蘿蔔坑小屋就要開始蓋囉！

蓋屋記（三）基礎施工篇

或許因為師傅們事先都沒有問我駕駛怪手的經驗，所以他們都很放心地站在挖斗旁就近指揮，但這讓老怪手更緊張了，生怕一個動作太大，就把無辜者的頭當成石頭打掉。

蓋房子的所有合法程序都辦妥後，該得捲起袖子動手幹活了！別懷疑，真的得自己幹活。由於整體設計切割成溫室和工作室兩大部分，其中又包含太多個人天馬行空的構想與變動彈性，很難委由同一個包商從頭到尾統包施工，只好自己到處尋覓各種領域的專業師傅配合，各包之間協調統合的工作也必須自己來。

還好在學校所學正是土木工程，職場上也曾在工程領域多年，所以尋覓廠商與溝通協調這些事，對我而言並沒有太大的困難。

開始蓋房子前的基本條件是要有一塊平整的土地，這在有點坡度的蘿蔔坑若非怪手停在那兒，看得出來平台下有個高差嗎？

溫室的基礎可是用我這台老怪手挖出來的

在混凝土司機幫忙下，溫室地坪終於大功告成

更是首要之事。考量房子未來的基礎必須穩固，基地的視野景觀要良好，早在開始接洽設計工作的同時，就已經預先委由砌石功夫最出神入化的海哥，照著未來房子預估的尺寸先在施工地點砌築一公尺多高的駁坎，填出約一百坪大的平台。

砌石師傅的技藝很重要，尤其是不用水泥的乾砌工法，如果技術不佳，不僅牆面無法平直，甚至可能因為建物荷重過大或豪雨沖刷而坍塌。也由於有先見之明，平台建得早，經過數個月雨水的潤澤，在官府長官們來會勘的時候平台上下早已雜草叢生，一派渾然天成，別說施工的新痕，連砌石擋土牆的落差都被綠色植物遮蔽，看不太出來。新填的土方也在雨水的沈陷作用下達到堅實的狀態，在上頭蓋房子，沒問題！

不過對於有意在山坡地蓋房子的朋友而言可得注意，如果挖填的土方量太大，未經申請，擅自施工的偷跑行為在水土保持法規上後果可是滿嚴重的，除了重罰之外，還要強制恢復原狀，更慘的是必須經過幾年閉門思過之後才能再重新申請，這一延宕，恐怕房子就蓋不成了，因此奉勸大家千萬要做個守法的好國民，以免得不償失。

為了施工迅速與耐震的考量，蘿蔔坑溫室及工作室兩者都是採用鋼骨結構，通俗一點的說法就是鐵皮屋。蓋鐵皮屋的第一步要先放樣和挖基礎，由於溫室和工作室委由不同的廠商承做，為了兩棟結構物間整合的問題，現場放樣和基礎施工的第一天特地請兩組人馬同時進場。

喔！應該是三組，這第三組人馬正是我和我的老怪手，不是捨不得花錢請怪手師傅，只是想要親自參與房子的施工，以後才可以大聲地對別人說：「這房子是我自己蓋的！」

兩方人馬經過溝通之後，各自熟練地拉好水線，然後就是我和老怪手出場表演了。雖然經過幾個月臨陣磨槍的練習，眞的實地擔綱演出，老怪手還是很緊張，這可從它三不五時不經意的暴衝看得出來。

或許因爲事先沒有問過我的駕駛經驗，所以師傅們都很放心地站在挖斗旁就近指揮，這讓老怪手更緊張了，生怕一個動作太大把無辜者的頭當成石頭打掉。

結果是，原本應該形狀方正，壁面垂直下挖的豎井，到最後一個個成了碗狀的炸彈坑，而且愈修，洞坍得愈大，再修下去，澆灌基礎的混凝土數量恐怕會暴增好幾倍。

莫可奈何的師傅們最後不得不放棄對怪手的倚賴，紛紛帶著鏟子跳進坑裡頭，灰頭土臉地改用人工清土。

若是僱來的怪手師傅挖成這副德行，肯定被抱怨不已，哪還領得到工錢。但是看在怪手是業主自己操作的份上，大家都只好隱忍不發脾氣，反正到時候多出來的混凝土錢也是業主我得自己負擔。

好不容易洞挖好，鋼筋綁紮也都完成，接下來要澆灌混凝土了。

一開始，找上的是國內某知名水泥公司在埔里開設的混凝土廠，雖然價格高一點，但是看在有品牌保證的份上，相信品質應該會更有保障。

又爲了不讓混凝土車迷路，我還誠心誠意地專程到混凝土廠帶路。一路上，經過狹窄的農路、爬上一百八十度迴轉的大陡坡，抵達蘿蔔坑時，混凝土車司機已經略顯不悅，又見工地的施工動線留得不甚完善，更是滿臉豆花。

儘管我們承諾立即整理，苦苦央求他稍候片刻，奈何大公司果然是有原則的，二話不說掉頭就走，寧可把混凝土送到別的工地去。而我們的工作，也因這一意外的耽擱，只好延到隔日再戰。

第二天，找來的是埔里當地的業者，這回司機大哥就很上道，距離太遠？輔助槽一節一節地接過去。還是不夠？沒關係，跳上車，憑著精湛的技術，車子一分一寸地盡量靠近。最後在大家群策群力之下，終於完成了這項任務。這全得感謝這些司機朋友把業主的工作當成自己責任般的盡心盡力。

後來，那家大水泥公司的混凝土廠結束營業，原址改由別的混凝土廠接手，看來不是沒有原因的。

費了兩天時間完成基礎施工，又經過約三天等待混凝土凝固之後，主體建築的重頭戲，即將登場……

蘿蔔坑小屋完工的模樣，艱辛過程請聽我緩緩說來……

蓋屋記（四）主體建築篇

小屋剛蓋好時，每逢下雨，屋頂就漏。師傅雖然很認分地前來修補了好幾回，卻總抓不到漏水的癥結。氣得很想叫他拿塊大塑膠布將屋頂整個蓋起來算了。

在基礎部分大功告成之後，溫室組裝工程隨即進場。

由於是整廠輸出，所有的構件在朴子的工廠內都已裁切並完成防鏽處理。溫室老闆要我幫師傅們在山腳下租間房子，省去來回奔波耗費的時間。

五、六名師傅進駐施工，動作熟練、手腳俐落，材料零件配合施工需求一車車地運到現場，進度飛快，前後只花了十天時間就完工了，一切與設計圖相符，施工過程中也沒有任何我可以插嘴的餘地。難怪人家可以整廠輸出到越南、中國去為國爭光。

溫室完工之後就只剩下工作室的部分，由於自己和老婆有頗多的想法，尤其是老婆，這房子是她未來在蘿蔔坑少數管轄權可及的地方，所以有太多的夢想躍躍欲試。

爲此，特地透過岳父找了一家熟悉的營造公司來蓋，以便隨時可以溝通修改。這點也是自力造屋者必須注意的重要法則——找到好溝通又負責任的施工者。

工作室的鋼骨結構在溫室完工時也差不多已經完成，但眞正費神的工作其實在後頭。

房子的結構強度固然重要，可是一般人看不出來。眞正讓人品頭論足的是房子的外觀與室內裝修部分。材料的挑選很重要，雖然只是棟鐵皮屋，還是希望能蓋得漂漂亮亮的，所以材料不能馬虎。

外牆和屋頂都採用施工方便的烤漆鋼材，營造廠拿來一些材料型錄讓我選，可是看起來眞的就是鐵皮屋，實在不吸引人，無可奈何的老闆索性直接帶我到材料行去挑。

首先挑屋頂，由於這家材料行裡屋頂用的鋼瓦形式只有一種，看來還能接受，而且也沒得選擇，所以只要挑顏色就好了。

紅色太搶眼又與環境不搭，不考慮；藍色不錯，有希臘小島白牆藍瓦的地中海風，可是老婆立即提出異議，因爲她覺得公墓靈骨塔的審美觀和我雷同。最後決定採用最挑不出缺點，色彩最樸素的暗橄欖綠色。由空中看下來配上四周的綠色植物，應該是不錯的保護色。

外牆的部分選擇性就比較多，雖然是烤漆板，可是卻有各式各樣的紋路與顏色可供選擇。

骨架在工廠事先裁切，到現場後很快就組裝完成

塑膠布和遮光網，讓溫室成為一個有空調的家

溫室部分完工

蘿蔔坑小屋組立中

蘿蔔坑小屋接近完工中

溫室裡頭還設置了育苗床架，絕對是玩眞的

蘿蔔坑的小屋與溫室都是我的心血

蘿蔔坑小屋的花架是絲瓜的家

由於心裡一直想要有木屋的感覺，所以挑選的時候也著重在表面有木紋裝飾的板材，可是據說木紋部分只是面層貼皮，時間一久難保不會褪色或脫落，而其他的板子又看不對眼。

正在為難時，湊巧一眼瞄見角落裁切剩下的一塊板子，米白色，造型是立體上下疊覆狀，就像老式日本木屋牆壁一層層木板上下相疊的感覺，表面還有不規則的立體紋路。雖非木紋，可是整體感覺就像上了漆的木板一般，眞是太神奇了。

一問之下，果然是日本貨，價錢不菲，可是眼中再也容不下其他板子，就此敲定。

一般鋼骨構造房子，鋼構和封板的師傅是兩組不同人馬，各有專攻。我的營造廠找來的師傅則是全部統包。好處是省了協調整合的麻煩，壞處則是功夫不見得專精，尤其我挑的壁板在台灣使用並不普遍，不僅訂料後得從日本漂洋過海來台，施工方式還和一般烤漆板不同，收邊的配件也欠周全，種種因素使得施工過程更加複雜。

我們師傅也是第一次碰到它，只能邊做邊想，每每見他一遇轉折的地方就望著屋子發呆沈思，拿著鉛筆在記事本上塗鴉。

除了速度緩慢不說，還經常得為收邊的部分自行設計、訂做材料，而這一等，往往又是好幾天。還好慢工出細活，最後還是順利完工，看來挺不賴的喲。

蓋房子最怕的是漏水，而最常發生漏水的地方一個是屋頂，一個是門窗開口的四周。

窗戶的部分我特地挑了鵝牌的防盜氣密窗，因爲它材料厚實，還加了止水的小設計，而且公司派人責任施工，一點都不馬虎。重點是，它可是道地台灣自行研發設計的優良品牌，雖然價格比起一般氣密窗貴上近一倍，不過相較之下，我對他們的窗戶眞的相當滿意。非廣告，僅供參考。

但屋頂漏水的麻煩事則不幸發生在小屋身上。都怪我爲了屋子的採光與美感，在屋頂北坡設計了一個凸出的老虎窗，雖然好看，卻也增加了施工界面防水的複雜度。

剛蓋好時，每逢下雨必漏。師傅雖然很認分地前來修補了好幾回，卻總抓不到漏水的癥結。由裝潢前一直漏到裝潢後，氣得很想叫他拿塊大塑膠布將屋頂整個蓋起來算了。還好皇天不負苦心人，最後總算是解決了。

經歷這次漏水之苦的心得是：鋼構屋頂的造型愈簡單愈好，千萬別自討苦吃。

小屋的外觀終於完工，看起來很賞心悅目，很有小別墅的感覺。

這個時候就可以申請使用執照了，一樣是向政府申請，這回是位經驗老到的男士。到了現場，只要我幫他拉皮尺丈量確認各部尺寸，就結束了勘查，一點也不拖泥帶水。兩週之後，期待許久的使用執照終於到手。

現在距離新居落成就只剩下一步之遙，房子內部是居家品質的重點，當然得多費心思，繼續努力。

蓋屋記（五）室內裝修篇

我一直覺得我們家閣樓怪怪的，直到有一天到朋友家拜訪，他們家也有個閣樓，和我們家用一樣的材料。我一仔細看，真不知該高興還是該生氣，原來我那寶貝裝潢師傅……做……錯……了！

房子的外殼完成，使用執照也拿到之後，內部生活機能的空間營造接著開始進行。

站在空盪的鐵皮屋裡頭，仰望挑高六公尺的屋脊，腦海中不斷如幻燈片般流轉過所有的可能性。老婆對室內空間的想法不但多，而且堅持，因為外面荒煙蔓草的世界是她的禁區，只有房子裡面才是她未來的天堂。

構想—討論—妥協—翻案—傻眼—重新構想的過程一再反覆進行，最後總算是有了比較具體的輪廓：房子內部希望營造木屋的意象，但又不希望是全部用木條由地面釘到天花板的感覺；最好牆壁有大面積的留白，乾淨大方；空間

梁柱系統在我堅持下保住木屋的感覺

這座小而美的廚房是我們最滿意的地方

閣樓是睡覺的地方，也是地板施工裝反的地方

樓梯踏階下的收納空間是老婆的主意

上要多點變化的趣味，讓小小的空間感覺精緻一些。

在這樣的概念下，初步決定採用耐火的矽酸鈣板作爲牆壁材料，只以白色水泥漆粉刷。梁柱系統及天花板、地板則用木頭包覆，營造木頭結構的味道。

找到好溝通又負責任的施工者是最重要的，尤其對於室內裝修這樣充滿想像空間的細緻工作而言，更是成敗的關鍵。

這回我的運氣就不太好，找到的裝潢師傅只能算是有技術的工匠，設計能力稍嫌不足，更糟糕的是對於客戶的需求並不認眞設想，往往對於我們提出來的概念，討論溝通了老半天之後，做出來卻完全不是那麼一回事。

如果發現得早，還可以修改，若是已經完成一大半才要求更改，那就必須大費唇舌了，因此施工期間，我經常得配合工作進度請假前往了解施工狀況。我的經驗是該堅持的仍要軟硬兼施地堅持，才能勉強維持住差強人意的平衡。

施工期間當然溝通、修正不斷，例如被我視爲木屋象徵的梁柱，原先已被釘上三夾板準備漆成和牆壁一樣的白色。

師傅的說法是：「這樣空間看起來比較大。」其實從這句話的身後翻譯出來的密碼應該是「這樣施工比較簡單。」最後在我堅持下，才用木板將梁柱包覆起來，勉強保住木屋的感覺。

樓梯的踏階做成櫃子，是老婆從日本台的節目中得到的點子，雖然事前溝通時已經提出來，可是師傅卻偷懶地只想在樓梯下釘一個儲藏室。

想想未來那個潮溼發霉又住滿鼠哥與小強的空間……於是我堅持樓梯下要密封，收納空間還是必須設計在階梯上。

可是木梯的結構已經定型，無法做成掀蓋的櫃子，最後只好妥協，在每一個踏階的側面做了小抽屜，收納空間因而比原先的規劃縮小許多，而且還耗費更多人力。

另一件讓人哭笑不得的事情是閣樓的樓板。當初裝潢師傅大力推薦剛從國外引進的木結構材料，梁、板都是裁切好的原木，一次施工，上面無須再釘傳統的拼接式木地板，省時省力，而且更有木屋的質感。

聽起來不錯，施工完成後看起來也差強人意，就是有件事情讓人疑惑：從下面的客廳抬頭往上看，天花板是平的，可是樓上的閣樓地面卻在木板與木板間留下一條一條的凹槽，裡頭當然就容易積垢，造成清理上的麻煩，實在無法理解這樣的設計意義。

直到有一天到朋友家拜訪，他們家小孩的房間也有個閣樓，一看之下，和我們家用的是一樣的材料，再仔細看，先前的疑問豁然而解，眞不知該高興還是該生氣，原來我那寶貝裝潢師傅……做……錯……了！

平的那面應該在上面，哪有人在地板上留溝槽的。至於那溝槽，人家可是特地設計在下面作爲天花板的管線槽之用的，眞是徒呼奈何。

所以，事前的溝通與確認眞的很重要，最好找到具有3D繪圖能力的設計師，一開始先將所有的構想在設計圖上確認過，再開始施工。千萬不要因爲急著完工而邊做邊談，否則就會發生像我這種口說無憑的情形，做做改改，浪費時間和資源。

施工進度進行得很緩慢，一方面因爲裝潢師傅的工作接得很滿，有民宅、學校，甚至還有KTV，我的小小屋大概只能當墊檔的工作。

另一方面由於蘿蔔坑的黏性紅土遇雨就變得又黏又滑，在誤陷泥沼，勞駕我的怪手拉了兩次之後，只要天空飄點小雨，三天內別想說服他們上山。

施工期間剛好卡到過年，理所當然要休息；更不幸的是過完年又遇到裝潢師傅的阿嬤過世，堅持「帶喪不能進到別人家」的他硬是近二十天不見人影，等到守喪期滿，又必須從有開幕壓力的營業場所先趕，我們的小屋只好再多等幾天。就這樣小小八坪不到的室內裝潢工程，卻花了兩個多月的時間才總算全部完工。

浴室及廚具是另一個生活機能的重點，更是老婆的夢想所在。找不到可以幫忙整體規劃的設計師，只好自己看些室內裝潢的雜誌，激發一些想像力，然後到和成生活家以及磁磚建材行自己選材料。由於都是現成的東西，雖然發揮不了太多創意，但是做出來的感覺八九不離十，還算滿意。

形容一下完工後的小屋好了，一進門是四坪左右的客廳，左邊牆面就是廚房的流理台，與客廳間用一字檯稍作區隔。浴室的入口在廚房與樓梯之間，一坪半左右的浴室採乾溼分離，藍色系，腰帶以下深藍，上半部則是霧面白，有海平面的感覺。

踩著樓梯上到位在廚衛上方的二樓，一座直立的木梯可以爬上老虎窗，窺看外頭的景觀。另一座三階的矮梯則登上位於客廳上方的閣樓，木板打平的通舖擺上兩個雙人的彈簧床墊，以後來此過夜打尖的臥室就在這裡。

總算，**來到蘿蔔坑除了做苦役之外，還有一個融合自己想法，親身參與打**

造出來的小窩可以歇息。一路走來雖然跌跌撞撞，可也學到了許多寶貴的經驗。距離買下蘿蔔坑的日子已一年半，而未來的路，希望可以走得舒服一些。

浴室磁磚是藍色系，腰帶以下深藍，上半部則是霧面白，有海平面的感覺
二樓有一座直立的木梯可以爬上老虎窗

吊扇也配合木屋的氣氛，簡單大方
二樓與閣樓間有三階的高差

生機水池

心情忐忑不安地過了一週，又到了蘿蔔坑勞動日，抵達之後的第一件事就是到水池邊找魚。我緊盯著水面看了好久好久……

夢想中的蘿蔔坑，要有水池，讓蜻蜓產卵，讓青蛙聚居歡唱。

池中、水畔要有各種水生植物，自成一個小天地，要讓它成爲一個眞正的生態池。而且，不只一個，在我的想像裡，蘿蔔坑的緩坡上，由高至低，至少要有三個大大小小，順流連貫的水池。

可是水池卻是蘿蔔坑進度最慢的一環，最重要的關鍵卡在防止滲漏的問題。防滲的做法有很多種，最常見，也最萬無一失的，當然是用水泥，堅固耐久，如果想要增添點氣質的，還會在池畔糊上大大小小的石塊，看來美觀又乾淨，水裡面還可以放幾條肥嘟嘟的錦鯉，池中間用花盆種上幾株出污泥而不染的荷花，多詩意啊！

不成不成，水泥池雖然省時省工，一勞永逸，但是植物和青蛙不喜歡，螢火蟲也不會來。

那麼，還有另一種做法是池底深挖鋪一層塑膠布，上面再鋪上一層厚厚的底泥。現在很多「生態池」都是這麼做，而且只要底泥鋪得夠厚，植物、動物都會回來，一切看來生機盎然。

這麼做外表看起來的確可以自然，但是……沒有看到的部分呢？試想一個號稱生態的水池，底下卻埋了一大塊萬年垃圾，水池有多大，垃圾就有多大，想到這兒心裡就覺得不太舒服。

更何況這種做法，活生生切斷了塑膠布以下的世界與地面的聯繫，水也無法補注回地下，完全失去調節逕流的功能。這樣的水池對大地而言，還是不夠生態。

其實一直想做的，是用黏土夯實築底的水池，就像埔里常見的茭白筍田一般。這種做法或許沒有辦法長久保持百分之百的防滲，但是至少底下是天然的泥土，植物的根可以穿越那條人爲的界線，水分也可以緩慢地滲入地下，養活底下的微生物。池底以下，仍然可以是另一個生命繽紛的世界。

理念與想法都有了，一直沒有動手的原因是：要買到合適的黏土，必須得剛好遇到茭白筍田換土的時候，還要我有時間先把水池的位置與形狀確定下來。更重要的是，如果找人來施工，就必須要有時間在旁邊看著，否則到時候挖出來的水池不知會長什麼樣子，而那將會是連續好幾天的時間。簡而言之就是——很……麻……煩。

其實，每次大雨過後，當我踩著雨鞋，上面黏滿了一層厚重的紅土時，我就會想，這兒的紅土如果將它浸溼夯實，說不定本身就是很好的防滲材料，所以一直有嘗試看看的念頭。

二〇〇六年四月二十三日，我開始動手在溫室西側構築我的第一個水池。面積不大，十平方公尺左右吧，坡面有些斜度，挖起來的土剛好拿到水池下緣築一道土堤。挖好形狀後，用怪手的挖斗底部使勁將池底的土壤壓實，然後等待老天爺來測試成果。

四月是個豐雨的月份，下到連小屋的老虎窗都漏水了。可是每次去看水池，除了局部有盛留一些水外，大部分時候是乾的。

行不通嗎？我並不死心。回憶起曾經在彰濱工業區看到填海造陸的做法，他們用吊車拉起巨大的重鎚，到達頂端後，倏地放下，勢不可擋的重力加速度立刻在地面擊出一個深深的窟窿，這樣反覆地進行，窟窿愈來愈淺，象徵著土

水池動工，當然還是得請出老怪手

完成雛形

地愈來愈堅實。

有樣學樣，我也用老怪手撈起一顆大石頭，高舉手臂後，拋下！

「咚！」的一聲，池底果然烙下一個深印，與重鎚頗有異曲同工之妙。但接著問題來了，當怪手要將石頭撈起來時，鋼爪立刻又在池底扒出好幾條鬆溝，好像……更慘耶。

那麼用怪手吊著大石頭，急速放下手臂來模擬重力加速度吧！這樣大動作地試了幾次，奈何手臂揮動的速度比起重力加速度眞是差太多了，而這劇烈的動作也讓年邁的老怪手發出快解體的匡啷異聲，看來還是別冒險的好。

黔驢技窮，我只好乖乖地回到土方法。只要每次到蘿蔔坑發現池底是溼軟的狀態，就用怪手再去壓一壓，想像那個挖斗是隻在水池中打滾的大水牛。漸漸地，每次可以留下的水似乎變得更多，停留的時間也拉長了。

這期間其實**我也一直在思考，單憑老天爺下雨，水量並不穩定，萬一蜻蜓和青蛙在有水的時候被騙來產卵，那水一旦乾了，這些小生命不就完蛋了嗎？**

開始蓄水囉

侏儒蜻蜓後來成了水池的常客

到底大自然中的機制是如何運作的呢？

一個天然的水池，剛開始並沒有人刻意去將池底夯實，它可能是經過長時間的雨水沖刷，微小的泥土顆粒慢慢塡塞住較大的縫隙，經過動物們喝水時的踐踏緊實，泥土再繼續沈積，慢慢形成一層緻密的不透水層。

當然，保水力很難達到百分之百，所以更重要的是要有水源的補注。那可能是四周山坡聚集的雨水，或者是岩壁湧出的一道山澗，也可能是一條流經的清溪，然後才能成爲一個水量穩定的水池。

既然滲水本來就是自然狀態，那就給它足夠的活水吧！想通之後，六月中旬我開始將水管拉到池邊，用小小的水量進行試驗，看看需要多大的水量才能讓它保持有水。

到了七月六日，見到水池裡頭淺淺地蓄積了約莫十公分深的清澈池水，顯然池裡頭的污泥也慢慢沈澱了。所需要的水量其實比預期的低，而且這兒的水本來就取自於地下，何妨讓它補注一些回土裡頭去。用掉的電費，比起一般電力循環式的流水造景，應該還省得多。

從六月開始蓄水之後，我就著手一一檢視家中頂樓適合種在水邊的植物，利用每個週末勞動日，逐次遷居到新家，展開新天地的適應與繁衍。

目前的水池，周邊已經有好多植物，例如芋頭、澳洲茶樹、蘭嶼羅漢松等，還有好幾棵的美人蕉。有些是朋友熱情贊助，也有些是種子播出來的，讓原本空盪的水池四周增添生氣。

當然，在沒有人爲擾動的地方，原本強勢的咸豐草、野茼蒿、含羞草，在這期間，也無聲無息地填補了所有空隙，甚至拓展到淺水域。這樣也好，至少讓水中的蓋斑鬥魚可以暫時有個遮蔭與棲息的環境。

水生植物也是水池不可或缺的主角，尤其對於淨化水質與提供水棲動物的生活環境而言，扮演極重要的角色。奈何水池的面積太小，容納不下太多的水生植物，最後我選擇了同屬浮葉型態的小莕菜和台灣萍蓬草，分別種在水池的兩端。它們的葉子都屬小型，花也都很素雅，對於小水池而言，頗有畫龍點睛的效果。

在種下水生植物的同時，我也順手將蔓延至水池中的草輩們拔除殆盡，卻又猛然想起自己會不會拔過頭了？如果魚兒們的避難所全被我毀了，那剛種下去的小水生植物，只有兩、三片葉子，它們有辦法爲魚兒們撐起一片天嗎？還是剛好給投機的黃頭鷺一個抓魚的可乘之機？唉！希望黃頭鷺沒發現水池裡有魚。

心情忐忑不安地過了一週，又到了蘿蔔坑勞動日，抵達之後的第一件事就是到水池邊找魚。我緊盯著水面看了好久，終於看到有條魚從岸邊的石頭下游出，再仔細搜尋，第二隻、第三隻……不對，還有一些更小的，像蝌蚪又似魚的小東西……那是小魚！我的水池已經有第二代的鬥魚寶寶了！終於心情由不安轉爲喜悅。

生命總會找到自己的出口，不是嗎？

蘿蔔坑的動物除了放養的蓋斑鬥魚之外，其他都是不請自來。

水池邊常常見到身體水藍色的雄侏儒蜻蜓，也常見雌蜻蜓交配後屁股在水面上輕點產卵，令人期待蜻蜓寶寶的出生。

蜻蜓可想而知都是靠著翅膀由遠方飛來，而水池中最神奇的動物當屬水底突然冒出來的灰色龍虱。

第一次見到這種曾在書上見過的水棲昆蟲時，好興奮，只見池底黃色的軟泥中，突然竄起一隻橢圓形的小蟲，朝著水面直衝而上，然後又迅速盤旋而下鑽回底泥之中，除了激起的淤泥造成的小小混濁外，不見蟲跡。

再靜候片刻，發現這兒一隻、那兒又一隻，好像汽水瓶裡不斷冒出來的泡泡一般，看來牠們似乎是在呼吸。

剛開始時我十分困惑，這些住在水中的昆蟲到底是如何隔空從上一個居住的水塘來到這兒的？經過查閱圖鑑，才知道住在水裡的龍虱竟然還會飛，當牠想搬家時，只要游到水面，將翅膀張開就可以走了，好個先進的水下對空飛彈。

這時心中浮現的是另一個疑惑，**爲何牠們要大老遠來到這個小水塘，是因爲這兒的環境沒有污染嗎？還是原來的居住環境已經惡化到讓牠們不得不離開？或者牠們曉得這兒的人會張開雙臂歡迎牠們？最令我難以理解的是，牠們是如何在這片廣闊乾燥的山脊上，發現這處小得不能再小的水塘？**好多好多的問號，這不也正是大自然有趣的地方？

水池有水了，小動物們回來了。但是心中還有另一個心願：希望未來還會有第二個、第三個，甚至更多的水池，在蘿蔔坑出現。

希望很快可以見到螢火蟲回家。

水池裡的小荇菜

鬥魚救援行動

然而，水池裡頭的景象把我嚇傻了，空盪盪的水池，呈現幾近乾涸的狀態，只剩下兩個污濁的小水塘，水面上有些魚還掙扎著大口大口爭搶那僅餘的水分和溶氧。

蘿蔔坑的蓋斑鬥魚是從朋友水池裡移民過來的過剩魚口。自從水池開始蓄水後，我就動念想在裡頭養魚，不過十平方公尺不到的水塘著實供養不起太大的魚。評估之後，體型較小的鬥魚成了心中首選。

只是水池中空盪盪，尚未種植水生植物，我也不曉得裡頭有沒有足夠的食物可以讓魚活下去，許多的「準備不足」讓養魚的計畫一直沒有實現。

或許是機緣到了，有一天湊巧在同事的座位上接聽到好友胡姐的電話，知道她要帶鬥魚來給幾位同事，當下我不假思索地脫口而出：「我也要！」

這一要，就來了十幾條。這些台灣原生的蓋斑鬥魚，體長大約六公分上下，身體灰綠色，體側有十條藍綠色橫帶，橫帶間爲淺紅色，雄魚體色極爲鮮豔，尾鰭較長。原本棲息於水流緩慢的小河溝、池塘或稻田中，不過由於棲地的破壞以及農藥的毒害，野外族群日益稀少，已經被列爲保育類野生動物了。

這批先驅移民在蘿蔔坑的水池裡顯然過得十分悠游自在，一段時間後，竟也順利地繁衍出第二代的小魚。看這群魚兒健康活潑的樣子，顯然這個初形成的水池已經有了足夠的食物供牠們塡飽肚子，說不定附近的蚊子看到這個最佳的產卵地點，全都將蛋下到這兒了也說不定。這樣也好，剛好讓蓋斑鬥魚將孑孓吃光，讓園子裡的蚊子少一點。

之後每次來到蘿蔔坑，我總會先到水池邊屏息觀察，希望能確定魚兒們安在。而這一天，又到了例行的蘿蔔坑勞動假期，我載了一籃子的樹苗準備去種植綠籬，孩子們也帶了還沒做完的功課、喜歡的童話書，還有只准在假日玩的電動玩具，準備到蘿蔔坑度過一天。

到了蘿蔔坑大門口，我先下車爲正在開花的檸檬桉拍照，車子由老婆開進去，我再自己散步回小屋。

我特地選擇了經過水池邊的路徑，因爲已經好幾天沒下雨，心想水池上或許已經覆蓋一層綠綠的水藻，先去看看情形，再吆喝小朋友們出來撈水藻，玩玩水。然而，水池裡頭的景象把我嚇傻了，空盪盪的水池，呈現幾近乾涸的狀態，只剩下兩個污濁的小水塘，水面上有些魚在掙扎著大口大口爭搶那僅餘的水分和溶氧。

天哪！水不是應該一直保持流動狀態的嗎？除非……我趕緊衝到水龍頭邊轉了一下。果然沒錯，一滴水也沒有！接著很快地檢查過蓄水池和抽水馬達的電箱，大概可以確定是深水馬達出了問題。我立即聯絡馬達的廠商，可是老闆說，得等到明天才排得出時間上來檢修。

接下來該怎麼辦呢？

定下神後，我決定改變所有預定的進度，以搶救池裡頭的蓋斑鬥魚爲第一優先，畢竟這些魚是我自己放養的。牠們不僅已融入蘿蔔坑的生態，還在這兒傳宗接代了，怎能讓牠們慘遭抄家滅族呢？

搶救工作的首要，當然是把魚撈到有水的地方。通知老婆出來幫忙救援，唯一的魚網給她撈大水塘裡的魚，我則徒手在快乾掉的小水塘裡頭瞎摸。

另外一個問題是水塔裡已經一滴水不剩，魚撈起來無水可放。還好臨時找到一個小水桶，先到對面邱二爺家借桶水，開始專注地撈起魚來。

這可和夜市裡頭的撈魚遊戲不同，夜市裡頭的魚，沒被撈到是幸運，至少不用被小朋友帶回家虐待。可是今天沒被撈到的魚卻是不幸的，假如供水無法在泥塘乾涸前恢復，留在裡頭的魚兒都將活活被太陽曬死。

一邊撈，一邊才發現裡頭除了放養的蓋斑鬥魚之外，還有其他的生命在這

剩下兩灘泥塘的水池，眞把人嚇傻了

水池中繁衍：有固守家園，捨不得飛走的龍虱；還有數量眾多、不知種類的蝌蚪，以及許多大大小小的綠色水蠆。

這個水池好不容易維持了半年多，逐漸贏得這些小動物們的信任與青睞，帶來了令人喜悅的生機，可是這一切竟然要毀於一旦。我想到當初挖掘水池時最擔心的噩夢如今竟然成眞，心裡實在很難過。但是時間不容許我花在難過上頭。努力撈了許久，除了鬥魚以外還順便救了一些蝌蚪，至少爲蛙爸蛙媽們留下一些後代。老婆則找了一個比較大的水桶，開車繼續到隔壁來回載水。

泥塘裡頭的魚撈得差不多了，但或許還有些漏網之魚藏在底泥裡，雖然竊竊慶幸著自己逃過魚網的梭巡，但是牠們渾然不知即將面對的將是生死交關的危機。我只能祈禱這水塘不要那麼快乾掉，能不能再多撐個兩天。

孩子們在屋子裡頭聞訊也出來加入搶救的行列。

剛撈起來的魚裹著滿身污泥，將小水桶染得混濁不堪，而且空間過度擁擠。**孩子們和媽媽的工作是用魚網將牠們再次篩濾出來，放到較大的清水桶裡頭去。這樣搶救生命的使命感，讓孩子們即使邊抓邊尖叫，還是認眞地幫忙將**

全家動員救鬥魚

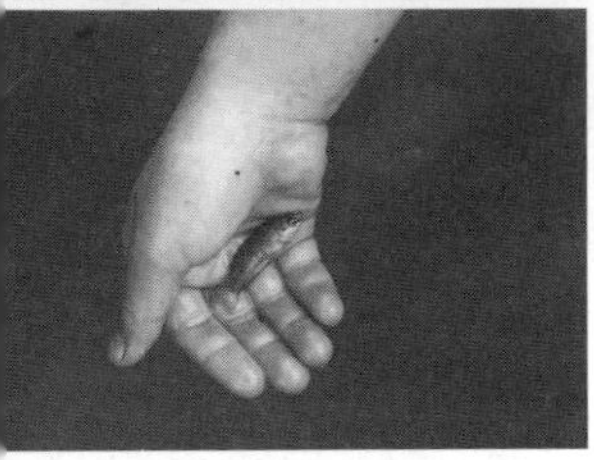

所有的魚撈到清水中。

下午將近一點，搶救工作終於告一段落。沒有水，也很難進行其他農務。我將魚帶離蘿蔔坑，並在中途解決飢腸轆轆的民生問題之後，直奔回家，讓魚兒們暫住在小朋友的洗澡盆內。

數一數，大小有近百條吧，沒想到蓋斑鬥魚的繁殖能力如此之強。在水源修復之前，這兒將是牠們暫時的棲身之所。

我**希望這樣的慘劇別再發生，也希望經過我今天在池底努力當水牛踩踏之後，下次萬一又不幸斷水，池水可以蓄得多一點，久一點。**

更希望青蛙們、豆娘們、蜻蜓們、龍虱們，千萬別對蘿蔔坑失望，等到水源恢復之後，一定要再回來喔！

來自地下126公尺的生命之泉

孩子們的遊樂場

每每一到蘿蔔坑，兩姐妹下車第一件事就是迫不及待地換上她們的小雨鞋，到工具間拿了小鏟子、小鋤頭、舊拖把……所有她們喜歡的工具，浩浩蕩蕩地「爬山」去。

蘿蔔坑是個充滿自然野趣的地方，也是個勞動健身的地方，但是對於好動而沒有定性的小孩子而言，很難要求她們在同樣一件事情上面專注超過一小時。

算算每個蘿蔔坑週末，少說也有五、六個小時。面對愈來愈有主見的她們，如果沒有足夠的吸引力，孩子們會嘟起嘴巴，對你哀怨地說：「去那裡好無聊……」

還好，小屋前面有著這麼一座碎石堆積成的小山。

這座約莫一個大人高的石頭堆，是當初趁著砌築東南角邊坡的塊石擋土牆時，順道請砂石車老大幫忙載上來的。前前後後載了十個車次，六十立方公尺。一部分先用來鋪築溫室下方的盆苗區，避免雜草叢生，不過這顯然低估了植物生長的力量，才半年左右光景，已經被雜草反噬殆盡。

剩下的石頭，原來預備用來重新鋪築路面，還有鋪設仍在腦海中蜿蜒的步道，由於尚未執行到那個階段，因此也一直暫時堆置著，卻由於每次來到蘿蔔坑總有週而復始、永遠幹不完的田間粗活，這項待命中的計畫也就延宕下來了。於是這堆石頭一直擺在那兒，成了我兩個淘氣的女兒來到蘿蔔坑最喜歡逗留的地方。

還記得自己小時候，偶爾，附近鄰居要蓋房子，就會運來一整堆的沙子，那是小孩子最喜歡的遊樂場。

大中午，趁著大人睡午覺，一吃過午餐就跑到沙堆爬上爬下、堆沙、畫畫、挖山洞，玩上一整個下午都不會累。那是很多人曾經擁有的兒時回憶吧！不過現在建築工地的管理嚴格許多，四周都有嚴密的施工圍籬阻隔，畢竟小孩子在工地橫衝直撞，太危險了。唯一遺憾的是孩子們因而少了一個好玩的遊樂園。

而我的孩子何其幸運，有一座她們專屬的石頭山。對於一百一十公分不到的孩子來說，那真是座山了。

每每一到蘿蔔坑，下車第一件事就是迫不及待地換上她們的小雨鞋，到工具間拿了小鏟子、小鋤頭、舊拖把……所有她們喜歡的工具，兩姐妹便浩浩蕩蕩地出門了。**她們不愛戴帽子，嫌累贅，再大的太陽，都擋不住她們迎著陽光**

爬山去的決心。

山坡上的碎石子是會滑動的，每踩一步，腳下的石頭就往下滑，這和登山時走在碎石坡上的感覺十分近似，只是年紀還小的她們並不懂手上的工具可以權充登山杖幫忙穩定步伐，每每見到**她們步履蹣跚地一手拖著快要抓不住的工具，另一手還得彎下腰來撐著地面，一個不小心，從坡上滑倒、滾下來是常有的事。沒關係，這不過是座三公尺不到的小小山，重新爬一次就是了。**

總有一天，這堆石頭會被我用掉，孩子們也會長大，不再愛爬碎石堆。但是我想這座石頭山會是她們的童年記憶中永恆的片段，就像我小時候鄰家的沙堆一樣。

石頭山雖然好玩，但是對我家那兩位過動寶寶而言是不夠的，所以我還必須不斷地幫她們想出好玩的遊戲，或是放置可以吸引她們的遊具，如此才能趁她們玩得開心的時候，放心地到園子裡的各處梭巡，工作。

小屋和溫室剛蓋好時，最早帶來蘿蔔坑的遊樂設施是買兒童奶粉送的鞦韆和溜滑梯。這些迷你的戶外遊具，在家裡面無處擺放，帶到蘿蔔坑來，空間不成問題，也成了孩子們稚齡時的最愛。好動的她們可以在鞦韆上站著盪，在溜滑梯上倒著滑，花招百出。

可是孩子很快就長大了，這些迷你遊具對她們而言，已經開始嫌小，也不再符合她們的年齡。趁著到田尾採購園藝資材之便，我買回來一座庭園搖椅。

對大人而言，工作勞累之後，坐在這兒享受徐徐涼風，非常愜意。對孩子們而言，這是一座加寬版的鞦韆，有時看她們將搖搖椅盪得老高，一副快翻過來的模樣，我也只能在旁邊看著搖搖頭。

偶爾，她們看我開著老怪手工作時，會用崇拜又稱羨的眼神遠遠地盯著看，畢竟駕馭那麼龐大的機具是很多小男生心中的偉大夢想，至於小女生……可能是崇拜上面開怪手的男生吧。

小時候，我曾試著將她們抱上怪手，可是對於這龐然大物，孩子們還是有點懼怕，即使怪手靜止不動，仍然不敢上車。

隨著年齡日長，姐姐開始嘗試在開車前和我一起爬上怪手，然後在我準備開動前，趕緊下車逃開。又經過一段時間的適應，終於可以在我開怪手工作時，站在座位旁，緊抓扶手，與我一起享受在野地中顛擺搖晃的刺激了。

至於妹妹，一切都是學著姐姐做。姐姐敢做的事情，她也傻呼呼地學著做。從此以後搭怪手必須兩人輪流，因爲駕駛座內的空間實在太小，擠三個人會影響操作，有點危險。

有一次姐姐留在保母家沒有一起來，只帶著妹妹上怪手工作。或許那一趟地形較顚簸，加上濃濃的柴油味撲鼻，還少了姐姐在精神上的加持，妹妹突然帶點害怕地細聲對我說：「爸爸，我想下去了。」從此以後，搭怪手就不再是她的遊樂選項。

那麼找點戶外的娛樂給她們做吧。水池裡可能由於水太淺的關係，總有許多藻類在池底生成，浮上水面來，很快密佈整個池面，這樣就欣賞不到底下的蓋斑鬥魚了。於是買了一支長長的魚網，帶到蘿蔔坑，請她們幫我撈水面的藻類。

第一次撈時可想而知，兩個人搶著玩，加上對使用不熟悉，手臂的力量也不是控制得很靈光。藻類沒撈多少，頭髮上、衣服上倒已經濺上許多，眞是不忍卒睹，還好隨著次數日增，兩人愈加熟練，也愈有默契，現在**撈水藻已經是她們兩人負責的工作了**。

最新的娛樂是同事盧媽媽到柬埔寨旅行後送我的一組吊床，據說只要三元美金。想了許久，我決定將它掛在怪手上頭，如此可以隨著天候與時間不同，選擇最佳的地點享受睡在空中的舒適快意。

其實另一個主要原因是蘿蔔坑還找不到足以撐住一個人重量的大樹，即使是十幾公斤的小孩也一樣。

第一次將吊床掛起來時，孩子們開心極了，爬上爬下，驚聲尖叫。我想這個玩具應該可以維持一段時間的新鮮度吧！感謝盧媽媽。

蘿蔔坑志業是長遠的，孩子們也會逐漸長大。在過程中，如何讓她們對這塊土地保持和我一樣的期待，願意在每個週末陪老爸老媽一起來到這裡，恐怕，我得繼續絞盡腦汁發揮創意吧！

擋車的轉角花台

最慘的一次是怪手師傅開著卡車離開時，將水管撞斷，鐵皮也撞凹了一塊。因此這花台其實是拿來擋車用的。

在台灣，由於經常有颱風暴雨，所以蓋房子的時候，爲了避免淹水，地基都會蓋得比外頭的地面高一些。

蘿蔔坑小屋的基礎就比地面高了二十幾公分，因此完成後的小屋外觀，在日式的屋牆板之下，還露出一截灰色的水泥面，雖不至於太難看，不過總覺得有點露半截屁股的感覺。

低腰褲還得有美臀配才行，這冷冷的水泥面……還是將褲腰穿高一點吧！我心裡面不時思考著該如何美化，才能讓這房子與土地的連接處感覺柔和一些。

方法很多，油漆，很簡單，但是缺少創意；貼二丁掛，又有點俗氣。那麼，貼石片吧，想像起來質感應該還不錯，可是那還得去尋訪材料，找師傅來貼，又得花上許多時間和心思……

左思右想，我最後決定還是用植物來擔當這遮醜的任務好了，反正手上也還有許多現成的材料正排隊等著分配新家。而且認眞說來，植物多變的色彩與線條，最適合拿來柔和視覺界面了。

小屋的四周，除了與溫室結合的西側不需考慮外，有三面牆的基腳必須植栽綠化。其中朝北的一面，因爲是入口，而且地面高差較小，早在去年就塡土陸續種上了孤挺花與筆筒樹、豬籠草。孤挺花在今年春天還燦爛地開過一季鮮紅呢。

東、南兩側則因爲牆基線與地面高差較大，我心裡覺得應該先砌個花台，再將植物種上去。構想是有了，不過在蘿蔔坑，想好的事情是必須要在腦子裡頭排隊等候的，而且時間隨緣，歉難依照掛號先後順序進行。

直到高績效團隊的生力軍加入後，這批或多或少接觸過園藝工作的小朋友，讓花台的實現露出一線曙光，其中又以公認手藝精巧的蜀龍最具潛力。

有天我與他聊到砌築花台的念頭，沒想到我們一拍即合。材料是現成的，當初砌小屋浴室隔間牆時剩下一些磚頭，還有蘿蔔坑隨處一挖都有，大大小小的礫石塊。至於位置，就選擇小屋南側窗戶下方大約四公尺長，五十公分寬的範圍。

材料備齊之後，只見蜀龍頗有專業架式地將水線一拉，先將直立的磚頭一塊塊等距豎立起來當作立柱，然後在柱與柱中間用小石頭細心地一塊塊疊砌、填滿，最後在上頭再放上一塊壓頂磚。

只一個下午，花台就大功告成了。老家在金門的蜀龍說那是「金門式」的砌法，雖然我有點狐疑，因爲我去了金門那麼多次，怎麼沒有見過這一型的花台。不過還是尊重原創者，這花台的名字就叫「金門花台」。

金門花台的頭頂上有一公尺寬左右的遮陽板，原先是用來幫窗戶擋雨的，然而這樣的設計卻也讓花台成爲雨水滋潤不到的乾旱地帶。對此，我的心中早有盤算，這兒就種些比較耐旱的多肉植物吧。從大學時期開始陸陸續續搜集的多肉植物，有些已經在盆子裡度過漫長歲月，也該給它們一個自由生長的新家了。

花台完成之後，在開始種植之前，還得先填滿植物生長所需要的介質才行。蘿蔔坑的紅土排水性太差，不適合種多肉植物，爲此我還特地託同事訂購了窯燒的摩金石，等候了近兩個月後，終於到貨，再拌入培養土，至此植物的新居終於落成，小肉肉們終於可以遷入了。

其中的主角是沙漠玫瑰，它們是我在外婆家撿果莢播出來的小孩，還有一

剛砌築完成的花台，零水泥

些百合科、仙人掌科的植物，擔當陪襯的角色。

花台的佈置其實是需要思考的。每一種植物都得先擺擺看感覺對不對，還要想像它長大後的樣子，覺得沒問題了，才能定植下去。而愈是後頭種的，愈需要考慮與其他植物搭配的效果。

目前已有許多植物進駐，感覺還不錯。陸陸續續，我想還會有一些多肉搬進來，爲金門花台增色。

有了金門花台的實作經驗，意猶未盡的我們將小屋東北側屋角的花台列爲下個目標，就叫轉角花台吧！

這是小屋周邊最後一處尚未綠美化的地方，之前曾種下一棵台灣桫欏，結果不幸夭折，不知是環境不夠陰暗，害得不耐日照的桫欏被熾熱的陽光曬死，還是因爲牆基底下暗藏化糞池，土層太薄排水不良？亦或者……其實被底下的穢氣燻死了？再加上東側的地面比北側低了大約十來公分，因此爲了下一棵植物的生計以及整體美觀，很需要一座花台作爲收尾。

其實花台還有另外一個不得不做的原因。因爲這個屋角正是許多車子倒車迴轉的地方，那可憐的牆角和掛在上頭的排水管，前後不知被多少技術不佳的車子欺凌過。

最慘的一次是怪手師傅開著卡車離開時，將水管撞斷，鐵皮也撞凹了一塊，讓事後發現的我費了好多功夫修補，但仍無法完全恢復原貌。因此這花台其實是拿來擋車用的。撞壞花台總比撞破房子好。

終於盼到久違的蜀龍師傅大駕蒞臨，材料當然還是就地取材，砌駁坎的大

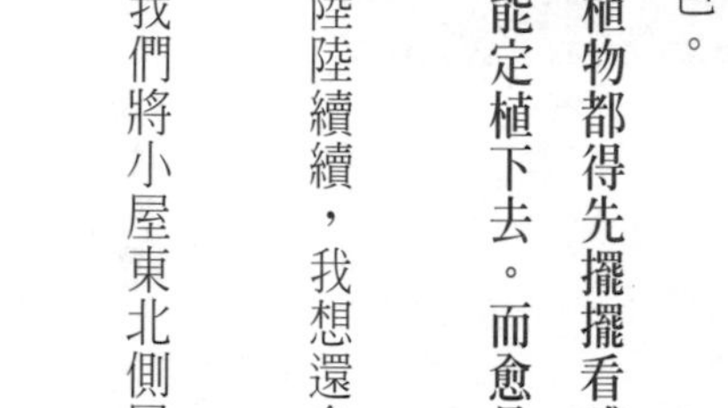

可憐的牆角和掛在上頭的排水管，
前後不知被多少技術不佳的車子欺凌過，
決定在轉角空地砌築轉角花台，材料都是現成的

翩翩起舞黃蝴蝶

塊石還留了幾墩，小塊的鵝卵石則是自家地裡挖出來的，蓋浴室的舊磚頭也還有一些。

經過初步溝通後，我們兩人很有默契地各自著手進行。首先由我和大怪手在塊石堆中挑了一塊比大冬瓜再大一點的石頭，這是準備擺在牆角當石敢當用的，所以不怕將鈑金撞凹的冒失鬼就放馬過來吧！

粗手粗腳的大怪手只能將石頭搬到現場，至於將石頭擺置定位的重責大任，就得靠我們兩個人使盡吃奶的力氣以人工搞定。

好不容易完成奠基大典之後，我開始拌和花台內要用的土壤，有怪手負責攪拌，也很快就完成了。剩下的砌築工作就全交給蜀龍，對他而言這已經是駕輕就熟了。

我才轉到其他工作一會兒工夫，便見到他從容前來報完工，還邀請夥伴們回去切西瓜慶功。轉角花台就此誕生，眞不愧是高績效團隊的第一把交椅，蘿蔔坑的首席園丁。

過了幾天，我特地從家裡陽台精心挑選一棵紫薇，一棵桂葉金蓮，還有一棵埔里杜鵑的小苗，一起種到這新完工的花台中，相信這回它們的命運應該不會像之前的台灣杪欏一樣悲慘。

不久的將來，我期待可以看到它們各自綻放出美麗的花朵。這種期待，正是拈花惹草的樂趣所在啊！

高績效團隊

第一次工作結束，蜀龍緊張地在電話中告訴我：「你的水管在漏水，為了怕水漏太多，我在裂縫上面插了一把鐮刀……」

高績效團隊，在管理學上，指的是充分結合個人能力與積極的團隊精神，共同達到預期目標的團隊組織。

高績效團隊的成員間彼此溝通順暢、資訊共享，互信互重、合作無間，能夠全心投入、積極付出。個人及全體不斷地學習、成長，協力達成目標。一個高績效團隊在朝向目標邁進時，總能時時展現出高昂的士氣、強韌的凝聚力、充沛的活力與優質的工作成果。

理論講完了，來談談蘿蔔坑的高績效團隊。

在某個充滿無力感的蘿蔔坑勞役日之後，我終於勇敢承認，一個中年男子加上一台老態龍鍾的怪手在這片遼闊的山坡上，戰鬥力其實嚴重不足。縱使加

上一台嶄新的強力割草機，仍然不敵鋪天蓋地的雜草大軍。

幾位年輕的同事們聽了這番誠實的告白，感動於這年頭還有這種愚公移山的稀有古人，於是自告奮勇相約加入蘿蔔坑志業的行列。

「高績效團隊」是他們對自己的封號，由此響亮的名銜就可看出熱血青年們的強烈企圖心。這群術業有專攻的生力軍，裡頭有某全國最高學府的園藝博士候選人，有生物系畢業的高材生，還有對自然生態充滿熱忱的專業解說員。大家有一致的目標與信念，彼此互信互重、合作無間……口號部分請直接複誦第一段。總之，我們的成員絕對具備高績效團隊的基本條件。

這麼難得的團隊，本來是想用高薪禮聘他們的，可是這群愛爬山的小朋友們自行商議之後，覺得談錢太貶低贊助夢想的神聖意義，決定要先用自己的血汗勞力換取登山隊的團體裝備，暫時不領現金，散發出「團體成員間強韌的凝聚力」。

於是從二〇〇六年的七月初，夥伴們就利用輪休的日子，自行搭配組合，前往蘿蔔坑工作。本來身爲地主的我理應前往開門迎接，供餐奉茶，和他們同甘共苦，並肩作戰。可是由於自己在工作及家庭方面的時間配合不上，加上信任每一位成員都具有相當的生態理念與園藝工作經驗，因此每次僅用電話或書面將預定的工作項目傳達給他們，之後就由他們依據前線戰況自行研判執行。

當然，後勤支援絕對不可匱缺，所以在大家提議下，小屋內還特地新增一台冰箱，讓炎炎夏日的辛苦勞動之後，可以暢飲一口冰冰涼涼的甜美飲料。

從開始迄今，高績效團隊已經執行過無數次任務，門外鐵絲圍籬下的綠籬

照片左方淹沒在荒煙漫草間的，是進入蘿蔔坑的車道

再次浮現；被芒草和小花蔓澤蘭覆蓋的樹木也陸續由雜草叢中解放出來；小屋周邊的三座花台都是團隊成員蜀龍的作品；園子裡大概有一半的地方終於又可以無武裝抵達。

年輕人的效率果然比起年過四十的叔叔好很多，不過受不了的是這群小孩每次工作完畢，總是神氣地瞄著我，一副「你一個人時到底都在做什麼？」的懷疑眼神。

孩子們，你們千萬要知道，你們蹲在腳下為它除草的每棵樹，都是我揮汗種下去的；你們費力拔掉的每株草，我也和它們的爸爸、爺爺交手過。更重要的是，我得多用點時間發呆，想想接下來該做些什麼事情，這樣你們來到蘿蔔坑才能每次都有新活兒可以幹。

先禮後兵，最後忍不住還是要檢討一下工作缺失。雖然因為剛開始時自己沒有經常在場領軍，難免發生意外狀況，所以不忍苛責。不過這只能讓我將檢討篇幅縮短，移到文章末段，無論如何，苦主我還是要發洩一下。

第一次工作結束，蜀龍緊張地在電話中告訴我：「你的水管在漏水，爲了怕水漏太多，我在裂縫上面插了一把鐮刀……」

第二次工作結束，芭樂告訴我：「好消息是你的鴨腱藤周邊我們幫你清乾淨了，壞消息是連它的葉子也全部不見了。」

事後根據我重回兇案現場勘查，發現根本不是像她和進學所說，兩個人意外地各砍一刀，而是「恰巧」將兩個主要分枝全砍了。

只見鴨腱藤蔓延深藏在樟樹下的眾多分岔一一被砍斷，作案手法細膩，刀法乾淨俐落，果然是行家所爲。至於動機……唉！不便追究。

第三次工作結束，又有人興奮地告訴我：「今天的工作成果是將屋子後方的平台拔得乾乾淨淨。」

害我感到滿頭霧水，我只是請他們清清屋旁台灣杪欏四周的雜草而已，可沒說要將整片平台拔乾淨，那裡只是我的停車位啊!?

隨著環境日益熟悉，工作逐漸上手，讓人血壓猝升的意外事件頻率也日減。加上我的心臟在這群夥伴的鍛練下，愈發強健，如今偶爾聽見砍破水管、誤砍植物的消息，我已能堅此百忍，苦笑以對。

訴苦完畢！無論如何，這些小小的意外並不會抹煞了大家的成就。在高績效團隊高昂的士氣、充沛的活力，齊心協力之下，蘿蔔坑的未來指日可待。雖然有些人因爲課業、距離的因素，無法繼續幫忙，但還是衷心感謝這些好夥伴，尤其是一路堅持至今的蜀龍與芭樂。蘿蔔坑的榮譽坑民，你們當之無愧。

被不小心砍頭的植物

七二水災

他一見到我，就開始怒氣沖沖地抱怨我的水灌進他的園子裡，沖出了一條深溝，讓他的地沒辦法用，要我必須趕快用怪手築堤將水路堵住。

二〇〇四年七月二日星期五，一個前一天晚上從花蓮登陸的中度颱風正緩慢在台灣陸地上朝北磨蹭著。後來颱風中心由台灣北端的淡水出海，雨勢也一度減緩。

大部分人可能都和我一樣，以爲警報即將解除，明天的生活即將恢復正常，心情開始放鬆。我看著電腦上即將遠離的颱風，外頭雨勢也不大，於是在下班後放心地離開辦公室。

的確，颱風警報在那天深夜十一點半解除了。但是出人意料的是雨非但沒有停歇，反而愈下愈大，因爲颱風尾巴帶來了雲層厚實的西南氣流，豪雨未曾間斷地直下到七月四日清晨，造成多處地區重創，死亡人數達到三十三人。

大家都不會忘記這場可怕的七二水災，但是走在前頭帶來豐沛水氣的颱風反倒被許多人遺忘了，它叫敏督利。

中部山區的土石流災情尤其嚴重，我上班必經的台14線公路也由於幾條小溪溝被上游沖刷而下的大量土石墊高，橋面完全被土石掩沒，大水漫流，道路硬是中斷了四天。

七月五日星期一，嘗試開車上班的我由水里出發，卻因道路受阻，連埔里都到達不了。七月六日，推進到埔里往霧社的獅子口附近，公路局緊急徵調來的怪手正巍巍顫顫地涉入湍急的大水中，努力清除河床上高過橋面好幾公尺的礫石。但看來似乎徒勞無功，因爲每挖起滿滿的一斗，上游的水馬上毫不猶豫地帶來等量的石頭塡滿。那天當然還是沒辦法上班，於是我折返，懷著忐忑不安的心情前往蘿蔔坑勘查災情。

剛通過村莊，開始往山區走時，就見到兩邊的邊坡上多處土石崩落、整叢竹子或大樹傾覆而下的景象。由於已經清理過，車子稍加閃避，通行都還ok。等到轉進傍著中路坑溪堤岸而行的小路，走到平常必須經過的水泥橋處，眼前的景象令人難以置信。

橋不見了，眼前是一片寬約十餘公尺的溪床，清澈小溪淙淙地蜿蜒於竹林間，好一幅渾然天成的美景，要不是兩側還有電線桿可以辨認，眞不敢相信這兒曾經有條路。

原來，這兒本來就是水要走的地方，只是被人們用水泥渠道限制住，這回雨量大，小溪當然只好把它的路要回去！

車子不能走，我下車換上雨鞋溯溪而上。一「路」上得小心踩著石頭走，因爲有些地方泥巴鬆軟，一陷下去就得費勁兒拔蘿蔔了，幸好溯行溪床的路段只有兩百公尺左右。

接上原來的水泥路後不久，遇見對門的鄰居也正要走下山，問候他家裡是否平安無事，老先生一臉驚恐地說：「哪會沒事，在這裡住了那麼久，從沒遇過那麼大的雨，比賀伯颱風還可怕，我們全家都躲到山下來了。」

的確，看著坡上一部怪手正沿著產業道路慢慢往前挺進，前頭的倒木、土石還得清理上一陣子。看來，路是走不過去了。

沒一會兒，又遇到另一位鄰地的老先生。他的地就緊鄰我的下邊坡，一見到我，就開始怒氣沖沖地抱怨我的水灌進他的園子裡，沖出了一條深溝，讓他的地沒辦法用，要我必須趕快用怪手築堤將水路堵住。

乍聽之下，一開始覺得這樣的抱怨很不合理。

山上的水當然往低處流。如此大的豪雨，發生沖蝕總是難免，怎能要求水不往下流？不過想想，我還是體諒老人家面對災害的心情，也沒多辯解。

路走不通，我只好轉向陡峭的山坡，抓著樹枝一步一步爬上去。

好不容易爬上蘿蔔坑，環顧四周，鬆了一口氣，因爲毫無損傷，颱風加上大水將原來茂密的雜草全部擺平倒地，看來反倒清爽不少。如果眞要說有災情，那就是原先種下的樹歪了幾棵，再把它們扶正就是了。

我靜靜地看著四周的地形，仔細想想，這才慢慢明白老先生在說什麼，畢竟這是他們生活六、七十年的地方。

七二水災給埔里地區帶來不小的災情

這個區域是開墾地，已經不能用天然排水的邏輯來思考。我的下邊坡是老先生的竹林，再下去是天然雜木林、果園，最底下就是產業道路，如果水由這裡灌下去，嚴重的話不僅老先生的地受損，底下的路也會被土石阻斷，甚至連我的地也可能因沖刷而崩塌、流失。

因此以往菜頭公司種蘿蔔時，邊界處是築了土堤將水攔住，並用截水溝將水引導向另一側的水泥農路上，讓水順著路面排向稜線另一邊，一處林相完整的山谷內。

這樣的設計讓大部分的水不會往下邊坡直接沖蝕，只在雨量太大時才會有些許的水漫過土堤溢流，不至於釀成災害。

問題就出在我那預備蓋溫室，新砌的平台，由於平台是砌石墊高的，頂面高過原來的土堤。豪雨那幾天，水就是經由這不設防的平台，直接灌入老先生的坡地裡。

想通原委之後，我啟動怪手，從園子裡挖來土石，將原有邊界上的土堤重新延伸到平台上，這算是初步的防護措施。後來，我又找了砌石的阿海哥，把土地東南角最低處墊高約三公尺，讓排水的方向轉彎，水，再也不會流到老先生的地裡頭，而是朝著大家期望的方向流去。

未來的計畫中，這兒還將會出現一個生態滯洪池，讓水可以儲留在這兒慢慢滲流，滋潤土地。一場災害，學到一次難得的經驗，還學到如何從別人的經驗中，萃取經驗。

這條美麗的小溪，很難相信這兒原來有條路

一年後的同一地點，認得出來嗎？

大風起，小樹倒

原以為路上我會接到他們報告災情的電話，可是手機一直沒有響，我因而放心不少。沒想到這真是嚴重誤判情勢了，原來他們不打電話給我有兩個原因。

這是高績效團隊在強烈颱風柯羅莎呼嘯而過之後第四天來到蘿蔔坑時，所下的註腳，而且指定要當這篇文章的標題。其實，也真的找不到更傳神的標題了……

話說颱風最強烈的星期六當天，雖然颱風中心只在花蓮近岸打轉，並未直接爬過中央山脈，橫越台灣。但光是外圍環流的威力，就已經讓台灣西部平原感受到超強的風勢。

蘿蔔坑雖然位在群山環繞的埔里盆地，可是卻高居在盆地南端的丘陵區上頭，而且是位在東、西面皆為山谷的空曠稜線上，強風毫無阻攔地翻越丘陵，掃過蘿蔔坑，所受的風力當然比盆地內的埔里市區要強烈得多。

只是沒有到現場實地勘查之前，很難臆測颱風到底造成多大的災情。趁著十月十日的國慶假期，大人們在總統府閱兵，我們也到蘿蔔坑點閱我的植物。蜀龍和芭樂先到，我由於要帶我們家二公主一起去，所以得先等她起床盥洗用早餐，因此晚了一些。

原以爲路上我會接到他們報告災情的電話，可是手機一直沒有響，我的心中因而篤定不少，我想應該是不太嚴重吧，所以他們覺得不需要打電話給我。

沒想到這眞是嚴重誤判情勢了，原來他們不打電話給我有兩個原因。一是災情太慘，怕影響我的心情，（這是他們說的啦！）其實最主要的原因是，他們這回造成的人禍也不遑多讓，生怕把颱風給比下去了。

先看颱風災情吧！一進門，蘿蔔坑長得最繁茂的一棵樹——白玉蘭，已然倒下，旁邊的蘭花楹也方向一致地朝東邊呈四十五度傾斜，和以往的風災如出一轍。

看來這個地方的地形最怕的是由西往東吹的強風，至於東邊，由於有中央山脈的高山幫忙削弱一下風勢，似乎比較不足爲懼。

再往前，原本高聳矗立的卡鄧伯木也躺平了，還有果樹區的山刺番荔枝也一樣。其他植物，即使未全倒，也或多或少傾斜了一些，方向全都一致——向東方狂襲而來的柯羅莎大王俯首稱臣。這眞是蘿蔔坑三年來最慘的一場風災。

相較之下，高績效團隊這回砍破一條幹管，砍掉一棵小茶樹、兩棵野薑花，還將全坑唯一的一棵石菖蒲連根挖得不見蹤影，看來也都是小事一樁了。

計畫永遠趕不上變化，這一天的預定工作全部暫停，首要之事得先把樹給扶起來。

多虧有老怪手和兩位得力助手的協助，應該說是三位，我們二公主也有拿著剪刀幫忙修剪枝葉喔！雖然後來她很快忘了自己的任務，自己在一旁忙著把剪下來的紫花藿香薊一朵朵種回地上去，不過光是不吵不鬧這一點，已經是大功一件了。

半個早上加上一個下午，倒下的樹一棵棵重新站起。可惜的是兩棵最大的樹——白玉蘭和卡鄧伯木，都因爲枝葉過於繁茂，擔心受傷的根系無法支持這龐大的軀體，而必須進行強度截肢。至於是否能撐得過這次的命中劫數，也只能看它們的造化了。

或許有人懷疑在這開闊的稜脈上是否適合種植大樹。

我想，問題不在於樹長太大，而在於樹不夠多。

人們把這個稜脈上過去曾有的大樹全給剷平，成了開闊的蘿蔔田，以至於每一棵獨立生長的大樹，都必須自行承受那殘暴的颱風摧殘。

可是如果有十棵樹、一百棵樹、一千棵樹依偎著生長呢……？情況將有所不同。所以，蘿蔔坑的樹將繼續種下去，倒了，就把身軀鋸短，放低姿態，重新長大。**總有一天，這兒一定會恢復千百年前鬱鬱成林的景象。**

而颱風，看似殘暴無情，其實是大自然中促使老樹凋零，小樹繼承生長空間的天然更新機制罷了。

即使未全倒，也或多或少傾斜了一些，方向一致——向東方狂襲而來的柯羅莎大王俯首稱臣

截肢手術進行中

卷二　生命之歌

當我將土地還給自然，大地賜予我未曾預期的美麗色彩。

種子的驚奇

我喜歡撿種子，無論是帶小朋友到公園玩耍，或是到野外爬山、郊遊，我總愛搜索是否有成熟的種子。有時候撿著撿著，與小朋友漸行漸遠，猛一回神，還得到處撿小孩。

我有個壞習慣，到了野外，喜歡到處撿種子，不管是我認得或不認得的。早些年時，回到家之後通常會隨意埋到其他植物的花盆裡，然後偶爾偷瞄一下花盆裡是否有動靜。這樣的做法有些像是到處埋藏栗果的松鼠，日子一久，往往就忘記種子埋在哪兒了。

也因爲太過隨興，所以有些種子即使撿到的當下認眞尋找到母樹，認識它的名字，可是隨手一播之後，記憶隨著時間流逝而遞減，等到小苗冒出頭時，仍舊忘記誰是誰。曾經做過功課的尙且如此，就更別提那些打一開始名字就是問號的陌生種子。

幸好，在這壞習慣之外，我還有個好習慣可以彌補。

每當拔草的時候，若是發現不認得的小苗，我總會刻意將它保留下來觀察一陣子，直到確定它是誰爲止，許多寶貝都因爲這樣的用心而免於誤遭毒手。

直到我到農場上班，有機會認識一些園藝方面的朋友與簡單常識之後，才開始學著刻意用培養土與育苗盆有秩序地播種。

雖然沒有專業到分門別類地用各種人爲的促成方法去處理種子，提高發芽率，最多只是在播種前將種子泡泡水而已。但是透過井然有序的排列與標記，最起碼在看到剛冒出來的幼苗時，可以立即知道它是誰，又是何時何地與我相遇，不會再像以前一樣，望著可愛卻陌生的小苗，感到那麼茫然。

種子的來源五花八門，自己吃過的水果是其中大宗。只要是吃下肚的水果覺得口味不錯，又可以取得種子的，總會把種子收下來，播到土裡面試試看。早年播的芒果、龍眼、荔枝、釋迦、阿那那、蛋黃果、枇杷、酪梨、芭樂、柚子，還有榴槤……都已經陸續進駐蘿蔔坑，努力長大中。

雖然明知要等這些種子發芽出來的實生苗結出果實需要相當的耐心，保持優良的遺傳因子長出好吃果實的機率也不高，但是畢竟是自己親手培育出來的小苗，實在不忍扼殺它們的生機。

目前已經正常結果的有枇杷、香水檸檬、芭樂、阿那那等等，荔枝則在前年結了唯一的一顆果實，然後在去年進步到十來顆。每年都陸續有新的果樹開花結果，像是種了六、七年之後才在今年終於開花的酪梨，不斷地帶給我新的驚奇。

椰棗的種子發芽時被主根拱起，第一片葉子則由根側冒出頭來

另一個種子的來源是自己手癢到處亂撿，無論是帶小朋友到公園玩耍，或是到野外爬山、郊遊，我總愛朝著周遭的植物上下打量，看到長相投緣的，便會在它的腳下搜索是否有成熟的種子。有時候撿著撿著，與小朋友漸行漸遠，猛一回神，還得到處撿小孩。

這樣撿來的種子往往有許多是外來的園藝樹種，例如黃金風鈴木、盾柱木、藍花楹、雨豆樹……雖然花很漂亮，可是種得太多，卻違背自己支持原生植物的理念。

還好有些跑野外又具有賊眼的好朋友，偶爾會送我一些特別的原生植物種子，稍稍平衡一下我自己背棄原則的罪過。

例如顏色鮮紅的台灣紅豆樹，迷人指數不亞於花名相思豆的小實孔雀豆，

絲瓜發芽時，第一片葉子就有成株的模樣，開始努力製造養分

而且又是道地的本土植物，我已經播出四棵來了。另外就是我的最愛——果莢超大的鴨腱藤，現在園子裡的祕密地點已經種下了兩棵。

播種，期待的是看到生命從無到有的神奇曼妙。

一顆種子，若非曾經看到它萌芽長大的過程，很難將那微小的有機體與幾十公尺高的大樹聯想在一起。在這播種成長的過程中，就像養小孩一般，我總期待著看到它們一天天地長大，然後開花、結果，完成生命繁衍的周期循環。

看到最近流行的種子小品盆栽，將種子密集地種在盆子裡頭，擁擠地競爭有限的空間與水分，人們「欣賞」的竟然是它們因爲生長環境不良而長不大、侏儒般傴促的身軀。

這讓我聯想到被塞在狹窄的畜舍裡，終其一生分配到的活動空間不超過二坪大的豬仔們，牠們的生活除了吃喝拉撒睡之外，了無生趣，而牠們的生命意義，也只爲了作爲人們盤中的肉糜。

那麼，那些一輩子沒機會長大的植物小苗又是爲何而生呢？

看來還是我家的植物比較好命，它們終將進駐蘿蔔坑，長大，繁衍，成爲大自然的一部分，與伴隨而來的小動物，還有我的家人朋友們，譜出一篇篇有趣的生命故事。

小公主打工記

我好奇地走回去瞧瞧，原來妹妹很用心地挖洞，然後將除草時拔下來的小野花一朵朵地種回去。

今年過年，兩個小女兒和往常一樣領到了爲數頗豐的紅包。往年，大失血的貧寒老爸儘管手頭拮据，但也絕對不會私吞她們的壓歲錢，而是將她們的壓歲錢清點之後，存到各自的銀行戶頭裡，當作日後的嫁妝基金，提高嫁出去的機率。可是這樣的用心良苦顯然未能取得兩位小公主認同。早在今年過年之前，兩姐妹就開始與老爸談判，爭取壓歲錢的主導權。

姐姐首先發難：「爸爸，今年的壓歲錢我要存在提款機裡。」

因爲媽媽幫她們各買了一個提款機存錢筒。

媽媽一聽到這句話趕緊過來幫忙解圍：「放在家裡不好啦！爸爸幫妳們存到銀行比較好，會生利息喔。」

「什麼是利息？」妹妹疑惑地問。

大班生還沒學過會計學，媽媽只好耐心再解釋一次：「就是大錢會生小錢啊。妳們的錢放在銀行才會變多，放在家裡又不會。」

「可是我想放在提款機裡，這樣就可以自己領錢去買東西了。」姐姐不屈不撓地說。妹妹也在旁邊當起鸚鵡學話：「我也想放在提款機裡，自己領錢去買東西。」

眞正的意圖終於浮現，都怪當初送兩個小傢伙去學心算，所以現在拿著銅板買東西、找零、算錢，已經成了她們的樂趣。

在一旁緘默許久的我，開始了我的機會教育。

「這樣好了，今年等壓歲錢全部領完，我們算一算總共有多少錢，再來商量有多少要留在提款機裡當零用錢，其他的爸爸還是幫妳們存到銀行裡頭，這樣以後妳們念大學才有錢繳學費啊。」

這個冠冕堂皇的提案，立即得到全家一致同意，但是我在最後又補上一句比本文還重要的附註：「那以後妳們的零用錢就用自己的壓歲錢囉，如果要更多零用錢，就得幫忙做家事打工才有。」

正爲爭取到部分紅包控制權而快樂得長了翅膀亂竄的小天使們，不假思索地大聲說：「好！」

於是，過年後她們如願拿到眞正屬於自己的壓歲錢，也各自買了一只圓滾滾的小蜜蜂抱枕。就像從壞女巫那兒得到眞實雙腳的小美人魚一般，渾然不知背後的陰謀，正要開始——

大年初五，年都還沒過完呢！趁著年假的最後一天，我帶著全家到蘿蔔坑實踐第一次的打工之旅。

小公主們不是沒打過工，在家裡的頂樓陽台上，我有時會請她們幫忙拔拔草、洗洗花盆。論盆計酬，視花盆大小每盆一到兩元不等。

其實我承認有點剝削童工，所以每次結算工資時，我都會多給一些湊成整數。而這回，一開始開的價碼是拔一個小時的草五十元，不過老闆我深知小朋友對重複性的工作沒有耐性，所以約法三章在前：「做不滿一小時沒有錢！」

這回媽媽代替勞委會爲童工爭取權益：「人家麥當勞一小時都有八十元。」兩位聰明的小童工受到高人指點，剎那間頓悟自己的權益，全都盯住老闆等著新的價碼。

「可是小孩子做得慢，而且邊做邊玩啊，效率比麥當勞差多了，更何況……」看著身旁盯著的六隻眼睛，老闆愈講心愈虛：「……好吧！爲了獎勵妳們幫忙工作，就一小時八十，半小時四十吧！」

勞委會的公權力受到伸張。

到了蘿蔔坑，我分配給小公主們一個在搖搖椅平台拔草的輕鬆工作。這個

這是她們花自己的壓歲錢買的小蜜蜂抱枕

地方離房子最近，頭上又有塑膠布遮風避雨，絕對沒有虐待童工的疑慮。

兩位小小生力軍扛著小鋤頭來到工地鋤草，看她們剛開始時還滿敬業的，高高舉起，用力掘下，雖然從臉上的興奮表情看得出來根本是在玩，不過懷著快樂的心情工作有何不可呢？老闆我安心地揹起相機巡視園子去了。

才不過一會兒光景，遠遠地就見到妹妹朝著反方向走到平台另一端，兀自挖起洞來了，那兒並不在工作範圍，不知她到底在做什麼。

我好奇地走回去瞧瞧，原來小傢伙很用心地挖洞，將除草時拔下來的小野花一朵朵地種回去。

不忍苛責這份天使般的愛心，只好輕聲提醒她，這並不是工作項目。

又過了好一陣子，我發現妹妹依舊不爲所動地種著她的花，老闆決定要糾正員工的錯誤行爲：「該回去拔草囉！再不工作就沒有工錢了。」

「可是我很認眞的在幫你種花啊！」小傢伙卻是理直氣壯，使得老闆不得不殘忍地敲醒她謬誤的愛心：「今天的工作是拔草，不是種花，而且妳這樣種，花也沒辦法活下去。」

小傢伙受傷地嘟著嘴：「好啦！好啦！馬上就好了。」

這個「馬上」，可又拖延了好一陣子，直到老闆終於忍不住，請她「現在」就去拔草。她才放棄剩下的花。

令人愕然的是，她的下一個動作並不是回去拔草，而是走到水龍頭旁邊沖洗她的鋤頭，然後跑來告訴老闆：「衣服弄溼了。」

這下老闆眞的受不了了，決定fire掉無法溝通的員工。

「妳不要拔了，進去裡面玩。」

反正她們都帶了功課和玩具來，就讓她們在屋子裡頭玩吧。

偏偏金牛座的小孩惜「金」又固執如「牛」的脾氣開始拗起來了。

「可是我要錢。」小孩緊緊抿著嘴。

「妳沒有工作，所以沒有錢了。」爸爸不肯退讓。

「我要錢。」快哭的小孩。

「沒有錢了。」堅持原則的爸爸。

「我要錢。」牛到底的小孩。

「沒有錢，進去找媽媽。」憤怒的爸爸掉頭就走。

然後就聽到身後小孩的哭聲由小而大，接著是斷斷續續啜泣著向媽媽告狀的聲音：「爸爸不給我錢……嗚嗚嗚……我只是洗鋤頭不小心把衣服弄溼啊……」

小公主們一個辛勤工作，一個辛勤「種花」

生長在蘿蔔坑的薜荔，超級會爬牆，
堅忍的精神就像妹妹堅持要將小野花一朵一朵地種回去

爸爸氣呼呼地走掉了，留下姐姐一個人努力工作著。但是精打細算的她也不是省油的燈，每隔一會兒就遠遠地呼喊著：

「爸爸……我……做……多……久……了？」

$$$$$$$$$$$$$$$$$$$$$$$$$$$$$$$$$$$

中午媽媽又權充調解委員，提出一個折衷方案：「下午妹妹繼續去把搖搖椅平台的草拔完，爸爸要給五十元。」媽媽爲僵持不下的父女關係找到一個解套的下台階。

於是在吃過午餐之後，媽媽再度轉變角色成爲工頭，帶著兩位童工用了半小時將搖搖椅平台的草拔乾淨。看起來，工頭拔得似乎比較多。

最後結算工資，姐姐得到工資一百元，妹妹得到安慰獎五十元，工頭得到……衷心的感謝，無價。

小公主的第一次蘿蔔坑打工記就此結束。

下回再帶她們來，可得重新設計一套計酬方式，無論是要帶計時器來計薪，或是要論斤秤兩按件計酬，以免又爲錢傷了父女和氣，以後老了，寶貝女兒不回來看我該怎麼辦。

這年頭，父女關係和勞資糾紛都很難搞啊！

媽媽立大功

大老遠冒著生命危險載來蘿蔔坑的瓦斯桶，難道還要載到市區兜一圈，然後冒著生命危險再載回家嗎？

那一天是總統選舉投票日，晚上，很多人選擇坐在電視機前面觀看票數的累計，爲自己心中支持的候選人吶喊加油。

我們家雖然沒有特定的政治色彩，投票當然還是要去投的，想想也只有這時候才能享受一下當「國家主人翁」的神氣，等到選完了，主人翁立即連降三級變成對國家領導人的所作所爲莫可奈何的小老百姓。這每四年才有一次展現力量的機會，怎能錯過呢？

可是一旦投完票，大勢底定，有沒有坐在電視前並不會影響選舉結果，所以決定全家到蘿蔔坑去住一晚，享受一下沒有電視、沒有選舉語言的清靜。

小朋友中午上完心算課，一回家就趕緊上樓收拾要帶去蘿蔔坑的行頭，巧連智、電動玩具，還有晚上睡覺時要抱的小海豚、布丁狗……都是讓她們不會吵著要回家的必需品。媽媽則是列了一長串的清單，準備趁著順便進埔里的機會大肆採購一番，這是鄉下人進城最愛做的事情。

總算在一陣混亂及催促之後，完成出發前的準備工作。一如往常，琳琅滿目的家當塞得滿滿一車，除了過夜必備的各式行李之外，還載了一籃的七里香小苗要去種，外加一桶二十公斤裝的瓦斯。沒辦法，在這偏僻的山區，沒有瓦斯行願意服務到家，只能自助了。

車上載著一大桶的危險物品，必須特別小心駕駛。不知是不是太過平穩舒適的關係，車後座逐漸由喧鬧而安靜，最後連副駕駛座上的媽媽也睡著了。

直到車子抵達蘿蔔坑門口，拿起平常到蘿蔔坑習慣攜帶的帆布袋，拉開拉鍊，熟練地將手伸進去掏取……心中突然升起一股不祥的感覺，趕緊把東西全部倒出來……我的血液整個凝結住了——鑰匙沒有帶出來！

轉頭問剛剛睜開眼的媽媽：「妳的備用鑰匙有帶出來嗎？」

換來的是一樣驚愕的搖頭。

愣在駕駛座上老半天，我快被自己的糊塗氣昏了。左想右想，實在沒有解決的辦法，看來只有到埔里把事情辦完後，打道回府一途。

可是大老遠冒著生命危險載來的瓦斯桶，還要到市區兜一圈，然後冒著生命危險再載回家嗎？想到就快瘋掉了。冷靜片刻之後，決定先將人力還可以搬移的七里香先設法搬進園子裡。這時候姐姐也醒了，跟著我沿著邊界的田埂以及山邊的祕密通道，跌跌撞撞地走進園子，將植物暫時放到溫室門口。

屋子進不去，什麼事情都不能做，包括洗手、上廁所……

我循著原路走回車子旁邊，睡得最香熟的妹妹終於醒了，她睡眼惺忪地坐在後座，一點也不知道發生了什麼事情。

一直坐在車子裡頭等候的媽媽，似乎經過了愼重的長考，她神情堅毅地提出了令人肅然起敬的解決方案：「你們先進去工作吧！我回家拿鑰匙。」

這一去一回有四十公里之遙，至少要一個鐘頭時間。

既然英勇的媽媽提出來了，縱然萬分不捨，也只能牽著兩個女兒的手，含淚目送車子逐漸遠去，消失在遠方的轉角。心中期待著鑰匙趕快回來，還有我們忘記拿下車的飲料。

當然，瓦斯桶已經先搬下車，暫時擱在門口的草叢裡。否則讓老婆載著一顆炸彈來回開這蜿蜒崎嶇的山路，人家會質疑我圖謀不軌。

帶著兩個小朋友再次摸進園子。父女三人決定不辜負媽媽的苦心，一定要努力工作，報答媽媽的辛勞。我們選擇了溫室後方的平台拔草，因爲前幾天下了一些雨，雜草已經悄然長高。

一邊拔草，一邊聊著剛剛門口的感人情節，姐姐說：「媽媽竟然自己說要回去拿鑰匙耶。」「對啊！」頗有同感的我附議著。

共同的結論是媽媽今天眞勇敢，晚上一定要請媽媽吃大餐。

對於拔草一向只有三分鐘熱度的妹妹今天進步到了十分鐘，然後不出所料地開始整理起剛拔下來的咸豐草小花：「爸爸，你看漂不漂亮？」

Orz……

不過這回我決定不再爲小事傷了父女感情。倒是姐姐想到一個好遊戲，開始哼起熟悉的《給愛麗絲》旋律：「我是垃圾車，請問有垃圾要丟嗎？」

然後將每個人手上剛拔的草全都搜集起來，堆到一旁的草堆上。沒多久，勤勞的垃圾車換成了妹妹。眞是太勤勞了，只要手上拔起一根草就會立刻被她搶走。而垃圾車自己是不拔草的。沒關係啦，開心就好。

一個小時很快過去，算算媽媽也快回來了，我對兩位小公主宣佈她們已經賺到一百元，可以收工去玩搖搖椅，等候媽媽回家。

小朋友開心地遊樂去了，剩下沒有工資可以領的老闆孤單地繼續拔草。

過了一會兒，姐姐回來了，靜靜蹲在旁邊跟著一起拔，我忍不住問她：「妳還要拔草喔？」

「對啊！我幫你拔，不收錢喔。」

眞是個好員工，牡羊座的小孩果然比金牛妹妹感性一些。

媽媽終於回來了，大夥兒歡聲雷動地湧進屋子裡，洗手的洗手、喝飲料的喝飲料，上廁所的上廁所。原來人類的欲望那麼容易滿足。

晚上一家四口依決議到埔里請英勇的媽媽吃大餐。孩子們選擇的是一家有沙拉吧的連鎖西餐廳，因爲「可以請媽媽吃好吃的冰淇淋」。眞是孝順的女兒。當然，爸爸付錢。

入夜的山上開始下起雨來，鐵皮屋頂上滴滴答答的雨聲對折騰了一下午的家人而言，就像催眠曲一般，窩進蚊帳裡頭很快就睡著了。

晚安囉，蘿蔔坑。

Lulu阿嬤的澳洲茶樹

有一段時間，只要聽說阿嬤又南下埔里香菇寮坐鎮，我就開始坐立難安，生怕她突然一時興起想要來蘿蔔坑看她的澳洲茶樹，哇！該如何是好？

Lulu是以前的一位女同事，也是蘿蔔坑建園以來最主要的植物捐贈者之一。不過別誤會這將是一篇八股的致謝文，這種事只要在植物旁邊立個紀念碑就可以了。

Lulu喜歡種植物，對花花草草也很有感覺，除了園藝博士候選人的顯赫學歷背景之外，家庭的陶冶其實是更重要的因素。

曾有一次到台北出差時，和同事一起去Lulu家拜訪。地處木柵的Lulu家位在公寓的三、四、五樓，每個房間都有陽台或窗台，外加頂樓的空間，全部都種滿了花花草草，而且每棵都長得健康嬌豔，這些都是熱愛植物的Lu媽、Lu爸和Lulu長年搜集呵護的寶貝。

更誇張的是連頂樓樓梯間的屋頂也不放過。一座自設的簡易鋼梯爬上去，除了花草還是花草，更可遠眺四周開闊的台北郊區綠意。若非位在狹小的公寓頂樓，還眞可以開個園藝景觀咖啡屋……

有經驗的人一看就知道，要照顧好這些分散在屋內外各個角落的眾多植物家族鐵定不是一件容易的事。

光講澆水就好，並不是每個房間都有水可用，所以這件例行的工作幾乎是純手工，必須提著水桶從屋內的水龍頭裝水，然後一個個窗台，一盆盆植物，一勺一勺地細心澆透。

參觀過之後才眞能體會Lulu經常抱怨的「光澆水就要兩個鐘頭」果眞不誇張，更別提施肥、換盆、抓蛞蝓、趕老鼠這些不定時，但卻也相當頻繁的工作。相較之下，深覺自己在家中陽台所建立起來的植物世界，可眞是小巫見大巫了。

Lulu家一巷之隔的對門樓上住的是Lulu的阿嬤。果然是家學淵源，也有著相同的興趣，由Lulu家俯望阿嬤家陽台，一樣是種滿了花草植物。三代之家，全都是綠手指。

當蘿蔔坑開始一點一滴地成長時，喜歡植物的Lulu一家毫不吝嗇地提供資源。三不五時會將家裡頭已經多到快溢出來的植物疏散到蘿蔔坑來。

第一批從台北南下的植物是數十棵的蘆薈。據說在台北它們其實是擠在同一個盆子裡頭的兄弟姐妹，來到蘿蔔坑，卻可以疏散到溫室平台的邊緣，排成將近六公尺的一長列。

可憐的澳洲茶樹攔腰折斷，還好不久之後冒出了新芽

或許因爲看到流放蘿蔔坑的植物其實還滿幸福的，陸陸續續 Lulu又帶了一些植物來投靠我，有烏心石、鬼櫟等原生樹苗，也有香茅、奇異果和一大包孤挺花的球根。

基於收留有緣植物的理念，只要植物要來，我一概先照單全收，再去思考它們該安排在何處。慢慢地，它們都有了自己落腳的位置。

Lulu阿嬤有一棵澳洲茶樹，偶然間聽Lulu說阿嬤怕它在花盆裡長不好，想送人，於是我自告奮勇爭取。

或許阿嬤心裡頭眞的捨不得，等了好久，一直沒下文。後來阿嬤終於決定送我了，澳洲茶樹跟著Lulu家陽台的其他植物坐卡車來到香菇寮，卻因我遲遲未去載它，以致在幾天沒澆水的情形下，葉子黃了一大半。

那天去接它時，阿嬤剛好也南下埔里，加入香菇寮工兵團的行列。看到阿嬤憂心澳洲茶樹變成枯槁模樣的不捨神情，深感責任重大的我一回到蘿蔔坑，

澳洲茶樹現在頭好壯壯，茶樹上鵝絨般的小白花

便趕緊為原產澳洲溼地的它，找到一處位於鬥魚池預定地旁邊的土地種下。

同樣是愛植物的人，我知道給誰種不是重點，阿嬤希望的是看到她的樹活得更好。

唉！故事的後續發展是這個樣子的……澳洲茶樹的枝葉是滿茂盛的。可是枝幹又細又長，站都站不住了完全是頭重腳輕。

初來到蘿蔔坑時，我用原先花盆裡的三根塑膠支架幫它支撐，但是那又細又軟的支架根本完全發揮不了功能。可憐的茶樹不時東倒西歪，從來沒有好好站直過，於是我才想到這個好方法，用木頭釘個框架，將它固定在框架上。看吧！果然直立挺拔，有朝氣多了。

結果，有一天，它竟然從綁在木頭橫桿的固定點上方，活生生地攔腰折斷了。誰教它頭那麼重嘛！可能是突來的強風一吹……喀嚓！

這事兒千萬不能讓阿嬤知道，不然她一定會很傷心。有一段時間，只要聽說阿嬤又南下埔里香菇寮坐鎮，我就開始坐立難安，生怕她突然一時興起想要來蘿蔔坑看她的澳洲茶樹，哇！該如何是好？

事情該怎麼辦呢？趕緊想辦法補救吧！此時我只能冀望下半截的枝幹上能不能再冒出新芽來。

恰巧一旁的鬥魚池也剛剛挖出雛形，心想既然它的原生地是在澳洲的溼地，為了讓它有更適宜的環境，一不做二不休，乾脆將它挖起來重新種到剛挖好的水池畔，讓它的根系可以保持在水平面以下，永遠有不虞匱乏的水分。

每次來到蘿蔔坑時，我也一定到茶樹前撫樹致歉，噓寒問暖，只求它趕緊冒出個新芽來，就差沒滴兩滴眼淚以示誠意。

皇天不負苦心人，茶樹妹妹體會到我的衷心懺悔與殷殷期盼，一番掙扎之後，終於擠出了幾個葉芽，然後，很快地伸展開來。

而當初意外折斷那原本不成比例的樹冠，倒反而給了它重新形塑身材的機會，現在的它，高瘦纖細，窈窕婀娜，與當年的頭重腳輕狀相比，不可同日而語。

二〇〇七年春天的四月底，意外斷頭的一年之後，茶樹上頭開出了小花。細細柔柔的白色羽絲，不知是不是它的花瓣？像是輕飄飄的鵝絨般，看來纖細可愛。

如今，茶樹妹妹挺立在鬥魚池邊開心地長大著，儀態端莊，見到的人都讚嘆醜小鴨變天鵝了，再也無須爲它擔心。

下回阿嬤南下到香菇寮探親時，可以邀請老人家上來看看她健康漂亮的澳洲茶樹囉！

檸檬桉三兄弟的生與死

他們先到，在電話中告訴我：「你的桉樹倒了。」

我心裡頭涼了半截，不過還是故作鎮定地問：「全倒嗎？還是傾斜？」

「平躺在地上，擋到路，小白還從它身上壓過去。」

小白是蜀龍開著上山下海的寶貝車。

檸檬桉是常見的校園植物。記得在成大的成功校區有一列高大的檸檬桉，每當清風吹拂枝葉時，騎腳踏車經過樹下，就會聞到那股淡淡的檸檬香味。來自澳洲的它在台灣會如此受歡迎，或許就是因爲這個緣故吧！

水里往日月潭的台21線公路原本也有好長一段檸檬桉道，開車經過時只要搖下車窗，就可以深深吸幾口天然的桉樹芳香，可惜數年前公路局將這條平日過往車輛屈指可數的山路拓寬成四線大道，砍除了大部分的檸檬桉。現在經過此地，只能見到零星幾棵倖存者了。

同樣的樹，長在不同的地方，卻有不同的際遇。

我的檸檬桉也有一段坎坷的生命故事。

和檸檬桉三兄弟相遇是在台南的假日花市。剛買的時候，一個小小的七吋盆裡，長了三棵細細瘦瘦的小樹，還不到五十公分高。我回到家後第一件事情就是幫它們分家，於是三兄弟都有了屬於自己的盆子，各自努力長大。

在蘿蔔坑種樹，我採取對號入座法。在我腦海裡有兩個影像資料庫，一個是蘿蔔坑的配置圖，另一個是目前等待進駐蘿蔔坑的植物影像。有時心念一閃，感覺有一棵樹長大後的型態符合我對某個地點的期待，於是，就有一棵樹得到它的家。至於還沒配對成功的，只好暫時繼續在盆子裡等候著。

檸檬桉大哥是在二〇〇四年五月首先分配到新家。它的位置在園子的西北角靠近路旁處，理由是它又高又直，每年還會脫皮脫得光溜溜，活像一根長滿綠葉的電線桿，剛好可以柔化角落那根眞實的木頭電桿。

桉樹相當適應蘿蔔坑的環境，一種下地就開始加速成長，所以當三個月後，檸檬桉二哥也搬到距大哥約八公尺遠的圍籬邊時，老大已經悄悄地長高，兩者之間的高度已經呈現明顯的差距。

至於老三呢？由於一直沒有想好該讓它住哪兒，所以仍舊在小小的七吋盆裡待著，身高也維持在一公尺左右，生長遲緩。

直到有一天，我心中靈光乍現，如果大門旁的角落有座高高的樹屋，該有多好？而檸檬桉那又挺又直的樹幹，不正是現成的柱子嗎？三個點剛好可以構成一個平面，眞是完美的配置。

簇生的檸檬桉花苞

於是在二〇〇五年秋天，老三也住到另兩位兄長的身邊，彼此構成一個等邊三角形。但是經過這一年的各自成長，此時老大已有四公尺高，老二也有三公尺左右，對照細細瘦瘦只有一公尺高的老三，不經說明，沒有人會知道，這三棵樹曾經一起出生，一起住在同一個盆子裡。

這讓我想到高山上的玉山圓柏。在玉山頂上，忍受著嚴酷的氣候與貧瘠的土壤，雖號稱千年古木，卻是如蓄勢待發的蟠龍般蹲踞在地面，株高不超過一個人高。另外的同族親兄弟，長在不遠處玉山北稜東側的背風凹谷，卻能長成高大喬木，虎虎生風。或許就是這樣因地制宜的生存機制，才會造就生物的差異演化。

我的檸檬桉不過分別間距三個月、一年種到土裡，生長勢就產生這麼大的差異，相當令人訝異。

然而，更戲劇化的是它們後來的際遇。

或許是因爲台灣豐沛的雨量，讓檸檬桉生長如此快速，可惜根系的生長似乎趕不及撐住高大的樹幹。二〇〇五年兩次掃過中台灣的颱風過境後，老大、老二都發生嚴重的傾斜，尤以老大爲甚，幾乎斜了四十五度角。

對面老先生家也有一棵差不多高的檸檬桉，一樣也傾斜了，他二話不說將它砍除。

可是我卻捨不得，出動怪手硬是將它推正，用支架撐了起來。只可惜這一倒一推的過程中，主根大概被扯斷了，葉子慢慢乾枯，最終仍告不治。

那麼該換誰來遮掩那根醜陋的電線桿呢？想來只有尚稱幼小的老三最適合

移植。

二〇〇六年二月，趁著初春良時，動手移植老三。不料，才種下去沒幾個月的它，主根卻是出乎意料的深，以鐘子挖掘的過程中，不愼又將主根給挖斷。

唉！可想而知，移植的下場也是十分悲情，葉子很快全部乾枯。雖然在三、四月份充沛的雨水滋潤下，曾經從基部抽出新葉，努力殘喘了一陣子，可惜最後還是未能復活。

相形之下，二哥幸運一些。雖然失去大哥與小弟的陪伴，但是在老怪手的協助下，由傾斜三十度重新站起。我還找來兩根板模用的粗木棍挺住它，用繩索固定在身後鐵絲圍籬的鋼柱上，用整片圍籬的力量幫助它站立。

有了這麼多朋友的幫忙與支持，二哥不再孤單，逐漸地恢復生機，身高又繼續迅速往上竄。兩年下來，已經長到三層樓高，成爲蘿蔔坑新住民中最高的一棵樹。而從二〇〇六年起，每到冬末，高高的枝梢上就會長出一簇簇的綠色花苞。

檸檬桉的開花方式很特別，那一顆顆綠色雞蛋冰般的花苞，在蓄足能量，準備開花之前，會在頭頂上打開一個瓜皮帽般的頂蓋，當小帽掀開掉落之時，就是花兒開始綻放的時候，一根根纖細的花絲向外輻射，像似一輪閃耀著白色光芒的小太陽。

它的果實也很可愛，原先的花苞去掉瓜皮帽後變成一個個綠色高腳杯，等到花兒完成授粉，花絲掉落，高腳杯的顏色就會逐漸由綠轉褐，此時種子已經在杯子裡頭成熟，等待時機。一旦杯口開裂，種子們就會掉落飄散，迎向另一段生命旅程。

二〇〇七年夏末來襲的柯蘿莎颱風造成蘿蔔坑的樹木倒的倒、斜的斜，災情慘重。可是檸檬桉二哥卻出乎意料的安然無恙，讓人感到相當欣慰，看來它總算度過觀察期，站穩腳跟了。不過也由於強風的吹襲，讓支撐它的圍籬被拉扯得有些變形，而它的表皮也因爲兩根固定的木柱劇烈摩擦的關係，造成嚴重的撕裂傷。

於是在幾個禮拜前，趁著風和日麗的冬陽，我決定放手讓它自立自強，將勒在它身上的麻繩解開，告別了依附鐵絲網站立的日子。

但兩根支撐的木柱不知從何時開始，竟然被深深壓入土裡頭，我費了九牛二虎之力，才將它們拔除。檸檬桉二哥終於重新傲然自立，迎接它的新生活。

檸檬桉二哥年輕時留影

在木柱及鐵絲網撐持下，二哥長到三層樓高

失去支撐後開始傾斜的二哥

今年四月，二哥的樹頭上重新冒出新芽

大約兩個禮拜過去，檸檬桉自由自在，不受繫絆，活得很開心。抬頭仰望，今年的花苞也已經開始成形，又將是一個生殖季節的開始。

然後有一天，覺得檸檬桉似乎有點斜，和蘿蔔坑所有的樹一樣，受到風向影響，由西向東微傾，應該……沒關係吧。

又過一個禮拜，才來到蘿蔔坑門口，第一眼就感覺樹又斜了一些，眞是奇怪，最近風平浪靜的，實在想不出來爲何它會一直傾斜。而且它的個頭實在太大，已經沒有辦法獨力將它扶正，看來應該找時間召喚人手來幫忙。

就在這一天工作結束要離去時，經過它的身邊，不知是不是神經過敏，怎覺得它似乎又更斜了一些？我警覺到事情的嚴重性，事不宜遲，我想下次就得找人來處理。

於是，蜀龍和芭樂在一週之後應邀而來。

他們先到，在電話中告訴我：「你的桉樹倒了。」語氣帶點興奮，好像發現什麼大事一般。

我心裡頭涼了半截，不過還是故作鎮定地問：「全倒嗎？還是傾斜？」

「平躺在地上，擋到路，小白還從它身上壓過去。」

小白是蜀龍開著上山下海的寶貝車。

天哪！眞是冷酷無情的小孩。

抵達蘿蔔坑，我看到橫躺在路上的檸檬桉，心中明白一切已經太遲了。看來它這兩年只是在別人的支撐下維持著兀然自立的假象，其實它的根系根本不足以支撐自己的重量。

檸檬桉像雞蛋冰的小帽打開囉

檸檬桉的花兒開始綻放的時候，一根根纖細的花絲向外輻射，像似一輪閃耀著白色光芒的小太陽

諷刺的是，平常必須高高仰起頭，用長鏡頭才能一窺全貌的小花，卻是在它轟然倒下之時，才得以親近撫觸，仔細觀察。這算是最後的告別式嗎？偌大的樹幹，請蜀龍幫忙鋸斷，抬到一旁安置。它的樹頭還留在地下，**雖然明知希望不大，但是我會守候它一年，期待奇蹟出現，再發新芽；或有去年散播的種子，從身旁甦醒，冒出小苗。**

經過接連幾棵大樹倒下的震懾，對於在蘿蔔坑種樹，我有了新的體驗。在這迎風的稜脊上，長得又快又大的樹，看似醒目突出，卻容易受到風的摧殘，提早夭折。反倒是長得慢的樹，可以和旁邊的夥伴一起攜手破風，默默成長。「樹大招風」這四個字，在這裡得到印證。

看來蘿蔔坑比較適合種些矮胖型的樹木，就像地主我一樣。

後記：

在完成這篇文章後的某一天，驚喜地發現二哥的樹頭上冒出了葉芽。強韌的生命力果然為自己找到了出口。

祈盼二哥順利屹立重生，二哥加油！

阿公的番薯藤

眼尖的我瞄見袋子裡頭還剩下一些沒種完，正想開口問：「是不是該……？」抬頭望見兩人汗流浹背、氣喘吁吁、臉色發白、一語不發，活像兩座快爆發的活火山……

小朋友的外公，就是我的岳父大人，由公家機關退休下來六年了，告別每日朝八晚五的公務生涯之後，他開始發展自己的興趣，除了偶爾和朋友到大陸走一趟，遍覽名山勝水之外，在家就打打太極拳、游游泳，也在南投貓羅溪畔朋友墾殖的河灘地上開闢了一畦田地，種些番薯，閒暇時就前往拔拔草，澆澆水。每次回娘家，我們總會吃到自家生產的番薯和地瓜葉，還可以打包帶走。

不過河灘地畢竟是別人的，又沒水沒電，連最基本的灌溉還得自己扛著抽水馬達到河邊抽水，對老人家而言，實在是粗重的負擔。

自從知道我買了地，岳父就常興致勃勃地提起要到蘿蔔坑開闢一方良田，種種菜，養養鵝，還可以幫我照管土地。

不過這個不錯的提議也總會立即被丈母娘潑上一桶冷水，她以夫妻相處數十年的經驗掛保證，農作物種下地的三分鐘熱度過後，種田、拔草這些辛苦的差事就得別人去賣命了。於是事情總在嘴上談兵的階段不斷重複著，反正老丈人自己的行程滿得很，也不急著付諸實現。

直到二〇〇六年九月的某一天，輪到丈母娘和同事出國享清福去了，家裡只剩下岳父一人，空閒之餘，種地的事再度談起。這回少了岳母的阻力，準備工作很快著手進行。

岳父從河灘地剪來一袋番薯藤，屬於吃地瓜葉的品種，那段時間正火紅地流行著，號稱富含鐵質以及維生素A、C、E等等元素，還可以抗氧化，減緩老化速度，原本給豬吃的食物一夕之間翻盤成爲大家高價搶購的健康食材。

不過這倒不是岳父選擇地瓜葉的主要原因，隱藏在背後眞正的理由是——番薯藤好照顧，即使不澆水也可以活。

和岳父約定某個週日的清晨，先到我家會合後再一起去蘿蔔坑。九月的太陽仍然炙熱，和夏天沒什麼兩樣，早一點去工作會比較涼快些。

這天清晨，早早就將小朋友打點好，行頭也準備妥當，就等阿公前來。沒想到在家枯候許久，原先滿口答應沒問題的岳父還是姍姍來遲，再加上從家裡前往蘿蔔坑的半小時車程，當一行人抵達蘿蔔坑，已經是太陽高掛的上午十點鐘了。此時的天氣雖然酷熱，但工作仍然必須進行。

預定種地瓜葉的位置安排在溫室下方，鳳梨田的旁邊，此時上面正盛開著咸豐草的小白花。岳父選擇坐在溫室旁邊的搖搖椅上，悠哉地將番薯藤剪成一段一段適合扦插的長度，大約十五公分左右。

這兒頭頂上有遮蔭，暫時可以躲一下太陽的烈燄。我則利用這段準備時間先用怪手將預定地上的雜草勾乾淨，也將土順便鬆一鬆，好讓待會兒人工可以省點力氣。

怪手的整地工作告一段落後，剪扦插穗的準備工作也告完成，輪到岳父大人上場了。接下來要做的事情是闢建一隴一隴的田畦，方便待會兒在上頭扦插番薯藤。只見岳父頂著大太陽，提著圓鍬走向田裡，一副經驗老到、胸有成竹的樣子，我便放心地做其他工作去了。

約莫過了五分鐘光景，遠遠地看見他走回溫室，不久之後，他提著一把鋤頭走出來。喔！原來工具是很重要的，所謂「工欲善其事，必先利其器」，顯然這時候鋤頭比圓鍬好用些。

而原本在屋內料理小孩的老婆，此時也走出來陪著岳父一起下田工作。頭上頂著這輩子最痛恨的太陽，冒險跨越小屋周邊的安全範圍，勇敢走進她最害怕的蠻荒之地，果眞是位孝行可嘉的女兒啊。不料才過十分鐘，就聽見岳父大人臉紅氣喘地大聲召喚我：「你的鋤頭根本不能用，墊片掉了，怎麼鋤？」

作爲一個孝順的女婿，我扛著鋤頭回去把掉下來的墊片敲緊，再恭敬的送回老丈人手上。

然後又過十分鐘，滿頭大汗的丈人又對著我抱怨：「剛剛怪手應該把土挖鬆一點，土那麼硬，怎麼挖得下去？」

唉！此時我也只能瞪著老怪手，誰叫它這麼不上道。

無論如何，這對吃苦耐勞的父女最終還是無懼於正午的大太陽，整出了三道畦面，將準備好的番薯藤一段段地種上去。

眼尖的我瞄見袋子裡頭還剩下一些沒種完，正想開口問：「是不是該……？」

抬頭望見兩人汗流浹背、氣喘吁吁、臉色發白、一語不發，活像兩座快爆發的活火山……

算了，還是裝作沒看到吧！

後記：

雖然每個禮拜只能到蘿蔔坑澆一次水，生命力強勁的番薯藤仍然不負眾望地存活，長出了新葉，後來還開出紫色的美麗花朵。

這期間曾經摘了一些下來料理，一大堆的葉子經過燜煮，最後只縮成一小撮。味道是還不錯，但似乎帶點微苦，不曉得是否採得太老，還是煮過頭的關係？這部分敬請老婆研究改善。

至於岳父大人，一如丈母娘的預言，自從番薯藤種下去之後，再也沒有踏上蘿蔔坑一步，後續的拔草澆水當然是由小婿代勞了，不得不佩服岳母大人的真知灼見。

無論如何，蘿蔔坑從此多了一樣實用作物，還是得感謝岳丈的情義相挺，不過若是要擴大規模的話……嗯……未來再研究、研究吧。

是誰殺了熱水器？

在還沒開始動手，修熱水器的師傅仍在東翻西看之時，突然又是「哇！……哇！」兩聲，「不只斷一條，有兩條，哇，有三條，哇……好多條！」

蘿蔔坑的熱水器前一陣子壞掉了，這是高績效團隊的小朋友做完工洗澡時發現的。雖然這正好讓其他人有充足的理由不洗澡，但是遇到眞的耐不住髒想洗的時候，還是很不方便，所以一定得修好。

我們的熱水器是電視上常廣告的某種會開花的廠牌。當初會特地挑大牌子，考量的是它的名聲響，市佔率應該比較高，維修服務網想必比較健全。對於我們這荒郊野外來說，不畏艱難的服務精神絕對是必須優先考量的重點。

猶記得剛買這台熱水器不到一個月，就有該品牌的服務人員不遠千里前來做售後服務，讓我對自己的正確選擇感到沾沾自喜。如今，兩年後的此時，終於需要仰仗他們的維修服務體系了。

撥通貼在熱水器上的維修電話，號碼是台中區，接電話的小姐耐心聽我敘述損壞的狀況，在聽到「埔里」兩個字時，突然像中了樂透一樣，用難掩欣喜的語調對我說：「先生，不好意思，埔里是屬於我們員林那邊服務，我給你那邊的電話……」

員林？？？來到埔里少說要一個半小時吧，我心中不祥的預感悄然升起。

果然，聯繫後，接電話的小姐只答應要請維修人員打電話與我敲時間，而這一等，就是一天過去。隔天我忍不住打電話抱怨，小姐才又滿口抱歉地先行幫我聯絡師傅，然後告訴我，禮拜四會來幫我修。

禮拜四？可是那天我必須上班。我只好請小姐再幫我打電話聯絡師傅，看看可否約個我也方便的時間。而正如先前，這一問又是石沈大海。

原本已經準備要唾棄這台瓦斯熱水器和這家公司，開始上網搜尋太陽能熱水器的資料。不料禮拜四一早還是接到那位不屈不撓，堅持要在當天把埔里的工作全部搞定的維修師傅電話。他說不論我下班後回到埔里有多晚，都可以等我。

這誠意多感人哪！所以，在禮拜四晚上七點，師傅嘟嘟嘟地騎著摩托車出現。摸黑，我用汽車大燈幫他照亮裝在屋後的熱水器，拆下不鏽鋼保護罩，現出熱水器本體後，再拆卸熱水器的外殼，原本猜測是電池完全沒電的他，「哇！」的一聲，找到原因了，原來是裡頭的電線斷了，得設法接回去。

在還沒開始動手，仍在東翻西看之時，突然又是「哇！……哇！」兩聲，「不只斷一條，有兩條，哇，有三條，哇……好多條！」

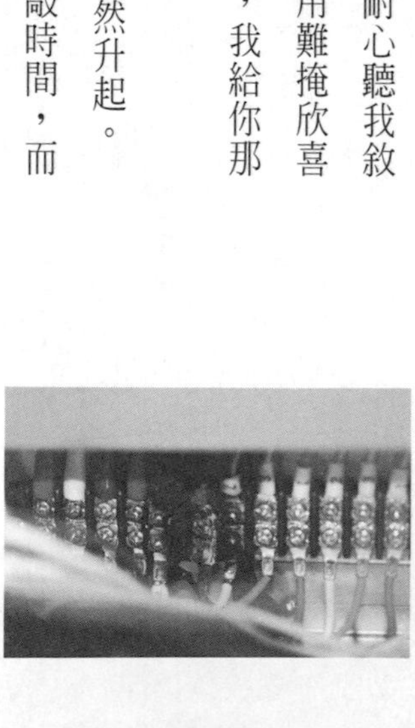

之前的控制箱燒熔事件，十之八九是壁虎幹的好事

沒辦法接了，還是下回帶整組的排線來換掉吧。

接下來的問題是，爲什麼熱水器的電線會莫名其妙全部斷掉？兇手到底是誰？

一定不是人，眞要搞破壞，直接從外頭砸爛就好，不用細心地拆蓋子，剪電線，看來應該是小動物。

直覺上最大的嫌疑犯是老鼠，可是看看那些最大只有不到三公分寬的氣孔，這地方眞有那麼小的老鼠爬得進去？何況裡頭完全沒有老鼠築巢的痕跡？牠沒事跑來這兒幹嘛，專程來咬電線？還有，牠是怎麼從地面爬上去的？

不……不……不，說不定是蝸牛幹的，可先別笑這答案太離譜，我在清理外罩時，裡頭眞有一堆蝸牛便便，旁邊的牆壁上也都有。

或許有人懷疑軟黏黏的蝸牛嚙咬的能力，說實話，我也懷疑。可是看看牠咬斷的植物莖葉也滿粗壯的，今年一整年沒有絲瓜吃全都是牠惹的禍，怎知不會有一隻神經失常的蝸牛放著滿園子的植物不吃，跑去咬電線？

再不然還有一個嫌疑犯——壁虎，飛簷走壁的功夫牠是沒問題啦，我們溫室控制箱曾經發生過開關燒熔事件，差點沒釀成火警。

當時維修師傅認爲是壁虎搬進去住，不小心造成電線短路造成的。至於咬電線……不知道是不是牠們玩的新把戲？

想破了頭，因爲缺乏直接證據，實在難以判斷。

禮拜六下午，師傅終於帶來全新的排線將熱水器修好。離開前，他建議我用鐵絲網將整個熱水器罩住，避免相同的慘劇再度發生。這也可能是目前唯一能想到的辦法了。可是，我還是很想知道……

到底是誰殺了熱水器？

1老鼠　2蝸牛　3壁虎　4其他

這問題在部落格上得到一些迴響，老鼠得到最高票。不可否認，老鼠的可能性最大，可是這答案也太沒創意了。此外，蟑螂得到一票，熱水器自殺一票，連割草機都獲得一票，唉！我可不可以直接將它判爲廢票啊？

還有誰可以給我答案嗎？

等待雨落

可是接下去一個禮拜……兩個禮拜……一滴雨水都沒有，我開始擔心了。

自從十月初的柯羅莎颱風肆虐蘿蔔坑，把植物吹得東倒西歪之後，卻也彷彿就此爲多雨的夏季畫下句點。秋天的腳步悄然來到，最明顯的跡象就是——不下雨了。於是，土地一天天逐漸乾涸，在沒有植物覆蓋的地方，原本鬆軟的紅土地熱得臉色愈來愈蒼白，水分揮發殆盡，變得如白色岩石一般堅硬。

所有的植物到了這個時候，都有自己一套配合氣候轉變的機制，有些開始放慢生長的腳步，減少對水分的需求；有些葉子悄然轉色，準備褪下一身綠葉，減少水分的蒸散，然後用孑然一身的光禿枝條，睡過一季寒冬。

原本，在沒有人爲干擾的情況下，植物依照它們自己的方式，度過一個又一個四季循環，沒有人教它，卻也不會出差錯，千百萬年來都是如此。

但是，有時候，人們自私地希望植物的生長是配合人類，而不是配合自然，於是，有些植物被帶到原本不是它生活的地方，也有些植物，在不適合它生長的時間裡被種下。

這些生長環境受到人為改變的植物，會很疑惑地感覺到深藏在基因裡頭，老祖宗賦予它的那套生存法則，似乎與周遭的環境存在著矛盾。於是，這些植物的生長之路將充滿著危機與障礙，除非……那個挑戰自然，將它們種下的人類，肯代替老天爺，負起照顧它們的責任。

我就是那個頭腦少根筋，沒有仔細考慮植物生長週期的笨人類之一。

由於到蘿蔔坑工作的時間有限，周而復始的例行性工作又很多，心中總覺得如果每次去蘿蔔坑就只能除草、修剪，那永遠也沒辦法有新的進度。

為了讓蘿蔔坑能一天比一天更好，我給自己訂了一個規矩——每次到蘿蔔坑，至少要種下一棵植物。

這樣的原則，讓蘿蔔坑一路走來，已經有了上百種植物，生態也一天比一天豐富起來。但是也因為執著於這個原則，卻因此忽略了植物生長的季節週期。

今年的夏天是個豐水的夏季，植物種下去後有老天爺照顧著，好簡單，似乎怎麼種，怎麼活，可是從十月中旬之後，雨水戛然而止，說停就停，一天……兩天……三天……一開始我還不以為意，仍然維持著每次去都種下幾棵植物的原則，反正每隔幾天撥空去幫剛種下去的植物澆澆水就是了。

可是接下去一個禮拜……兩個禮拜……一滴雨水都沒有，我心中開始有點擔心了，擔心可能不只新種的植物要澆水，也許前兩、三個月種的，根系還不夠健全，扎得不夠深的，也都必須澆水。

而隨著不下雨的時間愈拉愈長，必須澆水的植物數量也愈來愈多，到後來每次到蘿蔔坑，唯一能做的就是澆水。拉著水管滿園子繞，生怕這棵那棵新來的植物撐不過這樣的乾旱。別說繼續種新的植物了，連除草的時間都沒有。

就在我爲了維護自己種下去的植物不致渴死而手忙腳亂之際，卻有一些耐旱的自生植物在此時展現出強勁的生命力，四處攻城掠地。

眼見整個園子逐漸被秋天成長的牧地狼尾草掩沒，拉水管澆水的工作愈來愈吃力，連人都快撐不過去了。**這時候我才眞的體悟到，人訂的原則哪能算數，一切還是得聽老天爺說了算**。

就這樣一籌莫展地過了一個月，好不容易在十一月初，老天爺體恤似地下了三天的雨，雖然在蘿蔔坑，這三天的雨量每天只有兩公釐，但是有下總比沒下好，儘管有下跟沒下其實也差不多。

再加上高績效團隊的好朋友們適時伸出援手，總算在這個禮拜，可以稍喘口氣，幫園子裡的植物除除草，施施肥，被柯羅莎颱風吹倒、還沒扶正的幾棵台東火刺木也終於重新站起。

園子裡總算稍稍恢復成有人管理的景象，不過在下一場大雨來臨前的持續乾旱裡，我還是得繼續拉著水管滿園子跑。

在這段乾季裡，祈求蘿蔔坑的植物都能平安度過。當然，我也會記取這次的寶貴教訓，以後種樹，還是乖乖地安排在雨季，等待雨落吧。

體型中等，表皮縱溝不明顯的絲瓜最好吃

絲瓜收成時

孩子們在客廳的地面上鋪好報紙，抱著各自的絲瓜，興奮地等待指令。一聲「開始！」三個人迅速動手剝起自己手上的絲瓜，一邊剝殼，另一邊黑色飽滿的種子像羊咩咩嗯嗯般從瓜屁股不時掉出來。

蘿蔔坑小屋的南、北側各有一個花架，南側由於日照充足，因此一直考慮種植生長速度快一點的蔓藤植物，以遮蔽直射入一樓窗戶的陽光。再三思考之後，我選擇了絲瓜。

種絲瓜有很多的好處，除了覬覦它的美味之外，它那金黃色碩大的花朵，還有成熟時一條條懸垂的瓜果，很有典型農家親切的鄉土味。這可能有一點點思鄉情結吧！

小時候外婆最愛種絲瓜，後院的絲瓜常常是兩棚、三棚，因此餐桌上常常可以吃到滋味甘美的絲瓜。而在沒有百利菜瓜布的那個年代裡，刻意留幾條絲瓜在藤上靜候它老熟，將皮去掉後，留下裡面的纖維，就是貨眞價實的菜瓜布了，至於裡頭的種子，剛好收起來明年播種用。

不知道現在的小孩看到四四方方的百利菜瓜布時，是否曾經思考過它名字的由來？

絲瓜還有另一個深受婆婆媽媽們喜愛的副產品——絲瓜露。在那些泡過化學藥劑的面具衛生紙（俗稱面膜）尚未流行之前，絲瓜露是婦女們最佳的臉部美白保養品。

小時候有一回在外頭玩得滿頭大汗，回到家打開冰箱看到一瓶冰水就大口往嘴巴裡頭灌，沒想到那清澈如水的液體竟然是絲瓜露。當然，一發現味道不對馬上就吐出來了，不過還眞是暴殄天物。

這個故事給了我們兩個啓示：第一、絲瓜露是外用保養品，千萬不能口服。第二、絲瓜露絕對不是清晨絲瓜上頭凝結的露水，不然味道不會那麼難喝。

其實絲瓜露是絲瓜的藤蔓裡頭流動的營養液，一般的做法是將絲瓜蔓藤距地面約十至二十公分處切斷，並將藤頭的切口插入瓶子裡，將源源滲出的營養液搜集起來，就是一瓶純天然的絲瓜露了。

可想而知，這一刀跟殺雞放血的結局一般，收完絲瓜露，這株絲瓜也完了。因此一年生的絲瓜只會在收成完絲瓜，準備廢株的時候，才會搜集絲瓜露，算得上是生命的最後精華，相當珍貴喔！

決定種植絲瓜之後，我在二〇〇六年二月初買了農友種苗的小包裝種子，二十元。上頭標示著「約五至七天發芽」、「發芽率百分之七十五」。十顆種子播下去後，兩個禮拜過去，一點動靜也沒有，同事都笑我為何不到種苗行買一盆十元的小苗比較快。

忍辱負重的我還是耐著性子繼續等，終於在快一個月的時候，第一株絲瓜苗發芽了，接著第二株、第三株也陸續破土而出，之後就再無奇蹟出現，實際發芽率只有百分之三十，可能是我的育苗功夫太差吧，不過算算三株的市場行情三十元，至少還小賺十塊錢。

三棵小苗中，一株送給Lulu媽媽遞補被蟲吃得屍骨無存的先烈，另外兩株在四月份來到蘿蔔坑，分別種在南側花架靠近小屋的兩根柱子下方。

和Lulu家一樣，其中一株在隔週就屍骨無存，果眞是遇上了潛伏的神祕殺手？還好另一株幸運地度過剛種下時的脆弱期，逐漸茁壯，不到一個月的時間，就從距離地面不到一公尺的地方開出第一朵花來。

開花並不必然結果。絲瓜是雌雄同株異花，所以必須同時開了雌花和雄花，還要有蜜蜂作媒幫忙授粉，才有結果的機會。

從它開始開花以來，眼巴巴地看著一朵朵的花開了又謝，有時還驚喜地看見它結了幼果，可是又過沒幾天，幼果就發黑掉落。不知是雨水不足？還是營養不良？這中間還得不時擔心躲在葉叢中的非洲大蝸牛趁著一個不留神將整株絲瓜啃得一乾二淨，怎麼就見不到小時候那結實纍纍的景象？看來天下眞的沒有不勞而獲的果實啊。

一事無成好長一段時間，直到七月中旬，終於發現有一條小絲瓜掛在藤上逐漸長大，蜀龍好心提醒我該用個塑膠袋套起來，免得被蟲吃了。

果然，在塑膠袋保護下的絲瓜快速增長，只不過十來天時間，便將狹長型的塑膠袋撐得飽脹，活像綠色的肯德基奶油玉米。

我小心翼翼將塑膠袋剪開，生怕一個不小心將纖薄的瓜皮戳破，蘿蔔坑的第一條絲瓜終於誕生了，時間是七月三十日，距離播下種子那天將近六個月。

捧著自己呵護培育出來的第一條絲瓜，腦海中浮現起小時候讀過的那段文字：「鋤禾日當午，汗滴禾下土，誰知盤中飧，粒粒皆辛苦。」這回自己總算有了深刻的體驗。

這項偉大的產品本該獻給辛苦的老婆，這樣我才吃得到。不過因爲錯過了每週一次的家庭開伙日，因此轉送給丈母娘。接下來絲瓜藤進入盛產期，陸陸續續的收成除了自己吃以外，還分送給公司同事以及晚上收留我搭伙的小木屋伙食團，還有其他的街坊鄰居、親朋好友……

不知是品種好，還是完全沒有化學肥料與農藥的關係，和市場上買到的絲瓜相比，就是多了幾分細嫩和香甜，吃過的人無不讚譽有加，一度讓我快樂得想要告老還鄉，專職務農生產「蘿蔔坑有機絲瓜」，享受耕讀山野的幸福日子。

無奈享受鮮美絲瓜的好日子只維持了幾個月。隨著氣溫降低，冬日來臨，絲瓜的花愈來愈少，結果率也日漸降低，終於不再有新鮮絲瓜可以收成。不過絲瓜藤的貢獻還沒結束呢，棚子上頭還掛著幾條乾枯的老瓜，等著被摘下來製成菜瓜布。

在這個工業發達的時代，除了靈魂之外，幾乎所有東西都可以用人造品代替，菜瓜布就是一個典型的例子。

現代家庭的廚房裡刷洗碗盤用的幾乎都是綠色的方塊菜瓜布，大賣場、便利超商隨處可以買得到，眞是太方便了，以至於在不知不覺中，傳統菜瓜布悄悄由廚房中消失，而大家卻渾然不覺。

產期有時間性、產量無法機動調整以及通路局限是天然菜瓜布的先天限制，試問，在家樂福、大潤發，看得到傳統菜瓜布嗎？這個年代恐怕得在傳統市場裡的雜貨攤才看得到它的本尊。

若是能克服取得的不方便，傳統菜瓜布其實具有相當多的優點——純天然植物原料，大地工廠出品，生產過程完全不製造污染、不消耗能源；使用完畢回歸自然，不留下任何廢棄物；而且洗淨力絕對不輸工業菜瓜布。所以，在某個年齡層以上的台灣人，包括我在內，對於傳統菜瓜布都還懷有相當的眷戀。

那麼，菜瓜布要怎麼製造呢？第一步，當然要先有菜瓜。

在蘿蔔坑開始種絲瓜的時候，心裡便惦記著要留幾條下來做菜瓜布。

一般食用的絲瓜，果實必須在青綠的時候就採收下來，若是採收晚了，瓜體會繼續長大成熟，表皮會逐漸變厚，裡面的瓜肉開始纖維化，這時候的瓜已經難以下嚥，不如就讓它繼續在瓜棚上掛著，留待最後作爲製作菜瓜布的材料。

隨著瓜體成熟，表皮的顏色會由深綠逐漸轉爲黃綠，最後變成乾硬的褐色外殼。奇妙的是如此自然風乾的瓜體，即使經過一次次的雨水洗淋，卻都不會腐壞，彷彿天然木乃伊般高掛在瓜藤上，承受著烈日豪雨的焠鍊。

當冬天瓜藤將要砍除的時刻，就是採集菜瓜布的時候了。這一年我特地留下了三條，採收回家後，放在曬衣間繼續風乾，一方面四處探詢請教處理的方法，得到的答案是：「把殼剝掉就是了。」

這答案會不會太簡單了？心存懷疑的我一直遲疑著不敢下手。

直到有一天拿起一條來仔細端詳時，不小心失手按破了一個洞，裡頭米白色的纖維應聲出現，原來真的和剝香蕉皮吃香蕉一樣簡單耶。

過年九天連假，大人小孩都悶得慌時，我們決定一起完成這項古早味的工作。菜瓜只有三條，兩位小公主和公主的媽各自認領一條，我則把難得的機會讓給她們，志願在旁邊擔任拍照記錄的工作。

此時的菜瓜已經完全乾燥，拿起來輕飄飄的，幾乎沒有重量。搖起來還會有沙沙的聲音，那是裡頭的種子在跳舞。

孩子們在客廳的地面上鋪好報紙，抱著各自的絲瓜，興奮地等待指令。一聲「開始！」三個人迅速動手剝起自己手上的絲瓜，一邊剝殼，另一邊黑色飽滿的種子像羊咩咩嗯嗯般從瓜屁股不時掉出來。這些種子得搜集起來，明年的收成要靠它們了。不過數量實在多得嚇人，所以也無須在意不小心掉了幾顆。

這差事正如別人所言：「把殼剝掉就是了。」所以不一會兒工夫就全剝好了。孩子們開心地抱著自己的戰利品照相留念，這幾條菜瓜布的品相很好。至於種子，當然要拿去繼續播種，希望明年有更好的收成喔。

後記：

第一年收成的種子，在第二年（二〇〇七）順利播出好幾棵小苗，可是種到蘿蔔坑之後，卻慘遭蝸牛啃個精光。重新播種再種，下場一樣悽慘。

直到第三次，蜀龍幫忙用紗網做了一個防護罩，才總算讓瓜藤順利長大，但此時已經錯過了絲瓜生長的黃金時間。總結全年生產量：一條。

真慶幸當年沒有一時衝動辭官返鄉種絲瓜，否則現在只能到山下乞討度日了。

今年（二〇〇八），我重新買了種子，現正在育苗盆裡頭等待發芽。有了去年的教訓，今年一定會做好防蝸措施。期待這是另一個豐收年，讓大家可以再度品嘗到香甜鮮嫩的「蘿蔔坑有機絲瓜」。

絲瓜小苗／亮黃碩大的花，吸引蜜蜂的青睞／絲瓜幼果／等到瓜體膨大，縱溝加深時，那就太老囉／老瓜只好掛著晾乾，準備做菜瓜布／收集下來的種子，留待明年繼續生產蘿蔔坑超甜絲瓜

小毛病，大工程

吸了幾次，怪手的油的確有出來，可是都只流了一會兒就停了……最後，最有責任心的阿嘉看不下去，一把搶過管子再吸一次，咕嚕……喝到油了。

記不得上次使用老怪手是什麼時候了，兩個月前？或是更久？只記得原本豪情壯志地想要在冬天旱季將園子最低點的滯洪池地形整理好，這樣雨季來時就可以開始蓄水。不過事與願違，就在開著老怪手工作了一天之後，注意到履帶上出現連續的大片潮溼。在這乾旱的日子裡，當然不可能是水，根據以往的經驗，心中馬上聯想到是漏油。

下車鑽進車底一看，果真是油壓系統的操作油管滲漏，而且是從先前鏽蝕的破洞舊疾復發。上回用快乾膠填補洞口，外面再用防水膠布包覆，竟也堅韌地撐過一年多，如今膠布已經脫落，而針孔感覺上又擴大了些。只要怪手一發動，強勁的壓力就會將油從洞口噴擠出一條又細又遠的油柱，從這邊的履帶噴到那邊的履帶上頭。

趁著油箱尙未見底，怪手還未動彈不得之前，趕緊將怪手開回溫室旁邊待修，免得萬一操作油眞的漏光，拋錨在這孤立無援的邊疆地區，連維修車輛都無法靠近，到時麻煩可就大了。

剛開始我的想法很樂觀，只要比照上回土法煉鋼的模式，再把洞補起來就好了，反正補一次可以度一年，老怪手的餘日都不見得有那麼久。於是將快乾膠準備好，只要破洞停止滲油，馬上就進行修補。

接下來的日子，每次到蘿蔔坑第一件事就是帶著抹布和快乾膠蹲到怪手底下，將破洞上頭的油漬擦掉。不過這次的情形似乎和上回不太一樣，上回油門關掉後沒幾天破口就乾了，可是這回，一個禮拜、兩個禮拜、三個禮拜……日子一週週過去，操作油卻仍源源不絕地從破口滲漏出來。

這樣下去可不是個辦法，用力回想當年的情形，當時因為搞不清楚狀況，開到油將漏盡，怪手已成漸凍手時才發現問題，所以油箱裡頭的油已經所剩無幾。

而這回，對於老邁的怪手爺爺身上的疑難雜症早已經驗豐富，因此發現得早，油箱裡頭的油想必還很多，要等到它自動停止滲漏，那不知是何年何月。縱使這段時間可以暫停所有需要怪手的工作，就怕眞等到那個時候，即使破洞補好了，老怪手說不定已經因爲太久沒發動而從此長眠……

一定得想個法子讓油趕快止漏。聰明的我環顧四周，突然想到一個絕妙的好方法——小時候護士姐姐教我們外傷止血的時候不就是這樣講的嗎？要將傷肢抬高，利用地心引力減緩血液從傷口流出。

左看右看，溫室北側的上邊坡有一處大約三十度左右的斜坡，假如利用地形將破洞的位置抬高，或許可以阻止滲漏繼續發生。當然，破洞的一端要在高處，這樣油要從洞口流出來，得先往上爬一段長坡。水不會往上流，油當然也一樣。

將怪手開上斜坡，擺好姿勢，一個禮拜之後，信心滿滿地帶著材料準備要補破洞了。然而卻是驚訝地發現……我們家老怪手體內的血液，好像眞的會往上流？

沒關係，受過現代科學教育的我們要有追根究柢的精神，既然失敗了，就要分析原因。仔細觀察現場之後，恍然大悟，原來破洞的位置雖然抬高了，可是油箱的位置仍然太高，況且裡頭還有很多油，油面的高度若高過破洞，當然還會繼續將油擠壓出來。

找出原因之後，下一步就要檢討方法。找到離原來停車位置不遠處另一處幾近垂直的邊坡，使盡老怪手最後的力氣，冒了一大坨的黑煙，硬是將履帶跨到坡面上頭。

這下破洞的位置更高了，而且爲了讓油箱位置能擺在最低點，不得不放棄將挖斗撐在正下方的安全姿勢，膽顫心驚地將挖斗搖搖晃晃地轉向左側，撐在一個很不平衡的位置，還好，沒有翻車。而此時的怪手呈現的是一個特技表演般的怪異姿勢。無論如何，總算讓破洞和油箱各自到達最高和最低的位置。

這樣就能達到止漏的效果了嗎？又是一個禮拜過去，忐忑不安地走到怪手旁，拿起抹布一試……

晴天霹靂！油……依然在漏。

唉！接下來還有什麼招數可以用呢？

雖然覺得懊惱，可是人不可以那麼輕易被逆境擊倒，怪手也一樣。既然沒有辦法讓它自然停止滲漏，那表示油箱裡頭的油一定還很多，要等它這樣一點一滴漏乾，恐怕是好幾年後的事情。如果啓動油門讓它用噴的可能會快些，不過那一大桶油全噴在地上，嘖嘖……我看那塊地大概三五年內都寸草不生。

這一天剛好幾位好朋友來幫忙，第一次造訪蘿蔔坑的阿嘉還帶著可愛的兩歲小兒子，一副來度假的模樣。其實蘿蔔坑離度假勝地的水平還差得遠，來這兒的人怎能不貢獻點勞力呢？更何況他工作上也經常用到怪手，對怪手維修想必有些經驗。

我硬生生將他們父子拆散，小朋友就託付給芭樂阿姨照顧了。拉著他，幾個人對著老怪手會診半天，最後獲致共識——先把油箱裡頭的油放乾再說吧。

爬到車底瞧瞧，操作油槽和燃料油槽是緊鄰的，可千萬不能放錯油。怪的是油槽底下怎樣也找不到排油的閥門，除了油箱底部一個直徑六、七公分的大螺帽之外。如果那就是排油孔，那可得小心了，一打開，底下的人肯定會被淋個滿身油膩，想像一下電視上無聊的砸奶油遊戲……噁！

還好這個辦法經過評估決定暫不採用，最主要是因爲找遍蘿蔔坑，沒有夠大的扳手可以對付那超級大螺帽。另外就是一向創意最多的蜀龍提出了一個好辦法——利用虹吸管原理，將油箱裡頭的油抽出來。

所謂虹吸管原理，就是將管子放進液體裡頭，然後從另一端將液體吸出來，只要出口位置低於液體的水平面，液體就會源源不絕地往下流出來。聽起來容易，工具也不難找，溫室旁邊的塑膠水管剪一段，再拿個空油桶來接油就可以了。接下來的問題是……誰來把油吸出來？

聽過老鼠幫貓掛鈴鐺的故事嗎？再好的主意也要有人執行才成。

現在三隻老鼠左看右看，面面相覷，第一隻聰明的老鼠率先爬上怪手，挑了那個負責把油管放入油箱的工作，不用說，那是我啦！這可是我的怪手，我和它比較熟啊。

剩下兩隻老鼠在地面，你看我，我看你，最後是由出點子的蜀龍硬著頭皮上場，誰教是他出的好主意。

吸了幾次，油的確有出來，可是都只流了一會兒就停了，檢討原因，管子不夠長、油太黏稠、油桶位置不夠低、吸的人太早鬆口……最後，最有責任心的阿嘉看不下去，一把搶過管子再吸一次，咕嚕……喝到油了。

即使有阿嘉如此犧牲小我，油還是只流了一下下就停了。我們後來又試了一些輔助方法，例如先將管子裡頭灌滿油再放進油箱。忙了一個早上，最後仍然徒勞無功。

那麼眞得旋開油箱底下的螺絲讓油淋個一身囉？抱著壯烈成仁的決心，我利用中午下山吃飯時，順便到五金行買了一支超大扳手，下午回到蘿蔔坑繼續奮鬥。

奈何決心雖有，可是車底的空間到底有限，難以施力，空有大扳手卻無法撼動大螺帽一絲一毫。不忍老人家自尊心受挫的蜀龍又剪了一條更長的水管，重新演繹早上的方法，這回連他也悲壯地喝了一口油，而結果，還是一樣。

看到這兒，會不會有人深受感動，涕淚縱橫地高喊：「贊助兩萬元，找人來修吧！別再ㄍㄧㄥ下去了。」

如果眞有這樣的善心人士，我也收了。可是知道什麼叫做「士可殺不可辱」嗎？心力已經投入如此之深，如果就此放棄，豈不被世人訕笑。革命尙未成功，同志當然還得繼續撩下去。

在陷害了兩位行俠仗義的好友各喝一口油，卻仍徒勞無功之後。心情的確有些沮喪。但是將老怪手的漏油問題修復的鬥志卻益發強烈，只有這樣，才對得起好朋友們心靈受到的創傷。

傍晚回家前，專程繞到五金材料行，尋找可以利用的武器。憶起看過從油桶裡頭抽油時用的手動油抽，一樣是運用虹吸管原理，差別只在於人家是用擠壓球將裡頭的空氣擠出，利用眞空壓力將油抽上來，不必冒著喝油的危險用嘴巴吸。不過印象中看過的尺寸都不大，不知道夠不夠力道將黏稠的操作油從那麼深的油桶裡頭吸出來？

繞了大半個賣場，終於讓我找到了記憶中那個玩意兒，看起來眞的滿迷你的，很難派得上用場。但是旁邊懸掛著的一把巨無霸加強版卻吸引住我的目光，紅色的柄，白色粗厚的硬塑膠管，長度應該有一公尺，看來就像一把斬妖除魔的尙方寶劍，而且只此一支，根本是老天爺專程爲我準備的。

興奮地將寶劍買回家，又隔一個禮拜，再度邀請蜀龍前來蘿蔔坑協助。新玩具一亮相，大家讚嘆不已，早知有如此碩大的傢伙，又何需大家狼狽地折騰半天？而且……才兩百元。

有了這個新玩具，一切問題似乎迎刃而解，將劍柄上手風琴般的壓力球用力壓吸個幾下，馬上感覺到一股油流從油箱裡頭急速竄升，在頂端一百八十度轉向朝著另一頭的車下俯衝而去。正在讚嘆之際，突然發現底下接油的十九公升油桶滿溢出來了，趕緊停止作業，到處尋找可用的容器。好不容易找到一個破損的十二公升塑膠桶，沒兩下子又滿了，沒辦法，最後連黑色的大垃圾袋都派上用場，套在水桶裡頭，暫時應急吧。

就這樣，沒一會兒工夫，油桶裡頭的油就吸空了。

好朋友們協助完成這項工作後，中午不到就志得意滿地離開，留下老人家我一個人收拾善後。不過愈想心中愈感到一股不確定的疑惑，雖然尙方寶劍已經吸不到油，但眞的就能確定油都排乾了嗎？油箱裡會不會還有沈底？管路裡頭還有沒有殘餘？

可不能下次再來，裂口仍然滲油，那豈不又白白浪費一次寶貴的時間？

考慮許久之後，鼓起勇氣做了一件相當冒險的事——發動怪手的引擎，將油排乾。這件事的確冒險，因爲我並不清楚操作油傳送的機械機制，如果靠的是馬達，那油排乾之後，會不會因爲空轉而將馬達燒壞？說眞的，一點把握也沒有。

引擎一發動，裂口處果然又噴出一條細細的油柱，而且還相當有力，證實了我的懷疑，裡頭其實還有相當數量的殘油。

這股油柱噴了十來分鐘才逐漸衰減，然後轉變成微微的滲油，即便油量微小，卻仍是一副永遠流不完的感覺。又過了大約半小時，油還持續滲著，實在沒耐心等下去了，索性關掉馬達，過幾天再來看看吧。

隔了幾天，特地利用上班前請假上來探望老怪手，令人興奮的是裂口終於乾了。用抹布將裂口四周擦乾，再用砂紙磨除油垢，然後用強力膠封住裂口，再揉了一塊塑鋼土包覆在油管外頭。成功與否，下回即可分曉。

幾天之後，提前請假下班到蘿蔔坑。上次黏的塑鋼土已經乾了。獨自將先前抽出來的操作油提上怪手，加進油箱內。由於怪手斜停在山坡上，又斜又滑，因此小心翼翼地將機油桶與破塑膠桶內的油加回去後，決定先發動怪手看看，心中盤算著如果怪手可以動了，那就先開下地面再繼續加油，免得一不小心失足，把自己也摔個鼻青臉腫。

要跨上駕駛座前，我拍拍老兄弟，告訴它：「要加油！」

不料引擎一發動，操縱桿搖了半天，車子卻紋風不動，研判或許油管裡頭先前放空的關係，短暫的動力還不足以將油管灌滿。於是又試了好一會兒，卻仍然沒有用……

心中涼了半截，是哪兒出了問題嗎？雖然油箱還沒加滿，可是依照以往的經驗，老怪手好歹也會有氣無力地舉一下手告訴我它還活著。該不會之前開著引擎把油放空時，馬達眞的燒掉了？

沒辦法，抱著最後希望，我孤注一擲地將那包用大垃圾袋裝著的油小心翼翼提上怪手，一方面注意自己的平衡，一方面還得小心操作，不讓油灑出加油口外頭。

灌完了油，判定最後生死的時刻到了，這回上車前，我緊握老怪手的門把，告訴它：「一定要活起來，蘿蔔坑和我都需要你。」

坐上駕駛座，啓動油門之後，雖然心中忐忑，還是鼓起勇氣將手伸向履帶操縱桿，往後一拉……不動。再往前一推……完了，老怪手依舊毫無動靜。放開手，靜靜地坐了一會兒，思考著下一步該怎麼辦，是不是該找修車廠的人來，告訴他們怪手被我玩壞了？

不甘心地重新握住怪手操縱桿，用力擺動兩下，挖斗突然無預警猛然向上抬起，懸在斜坡上的車體頓失一個支點，左右劇烈搖晃……動了！我的老怪手復活了！再試一次，此時操作油應已抵達所有的末端機構，動作孔武有勁。

禁不住興奮地對老怪手大聲說：「你辦到了，你辦到了，我們眞的辦到了。」

開下地面，繼續將新買的十九公升油加進去，油箱仍然沒有滿，眞不知先前究竟漏掉了多少？接著回到停工已三個月的水池試車，老怪手的身手矯健不減當年。試了大約一小時，再將它開回溫室旁邊檢查，補好的塑鋼土四周似乎有些溼潤，不知道是不是強大的壓力將油從底下擠出來了一些。不過情況很輕微，應該可以趁著再出毛病前多做一些工作。

萬一哪天它舊疾復發，我也已經有了尙方寶劍，知道該怎麼處理這個問題，至少不用再讓無辜的冒險家喝那兩口油。

經驗是從嘗試錯誤中累積起來的。

眞是死而復生啊，擺個勝利的姿勢吧

綠籬整型記

一桶油據說可以砍個三小時，雖然大家一聽到我要砍綠籬都滿臉狐疑：

「綠籬在哪裡？」

「你家有綠籬嗎？」

「你要砍鐵絲網喔？」

蘿蔔坑西側，也就是沿著產業道路的邊界，一開始時爲了預防可能發生棄土、亂倒垃圾的情形，因此圍了兩公尺高的鐵絲網圍籬。這綿延一百公尺左右活像監獄的冰冷結構物，依照計畫，是要種植綠籬爲它遮醜的。

家裡有幾十株小實女貞小苗，小巧緻密的葉子，種成綠籬，修剪整齊後會很漂亮。但是這樣的綠籬又太匠氣了，我的腦海裡頭有另外一幅藍圖：鐵絲網每隔三公尺一根的立柱，在我眼中，好像將鐵絲網劃成一格一格三公尺寬的展示櫃。

我想將它種成綠籬植物的展示區，以跳格種植的小實女眞作爲展示櫃的框景，形成一種連續的秩序感，兩框小實女眞中間的格子則種植另一種不同的綠籬植物，讓整齊中呈現變化的趣味，算算這道長長的綠籬展示區應該可以展示近二十種的綠籬植物。

這點子我自己很滿意，剩下的就是實踐的問題了。最主要的問題是如何選擇植物的種類，又如何取得？依我「種植有緣植物」的惰性，這問題不是可以馬上處理的，而且似乎也不急。於是大約從二〇〇五年初夏開始，隨著取得綠籬植物的進度，斷斷續續由北往南逐次種下去，在有限的植物來源與時間分配下，進度十分緩慢。

經過將近三年陸續種植，澆水施肥除草，還有植物們自立自強的強韌生命力撐持之下，到了二〇〇八年初，前半段約莫四十公尺的綠籬終於長出點模樣了。

種植綠籬的訣竅，首先一開始就要挑選葉形小、株型矮、分岔多的小灌木，這一點我沒做到，其實是因爲玩心太重，想要利用這條約莫一百公尺的綠籬來試試各種植物作爲綠籬的效果，所以植栽種類五花八門，連屬於大喬木的紅楠、茄苳都赫然入列。

這時候就可以體會到鄉下鄰居的守望相助精神了。紅楠小苗是小鳥站在鐵絲網上嗯嗯附贈的禮物，移植到圍籬外頭後，對門邱先生有一天問我：「你種的那排樹是楠木嗎？」

我點了點頭。

生怕我搞不清楚狀況的他立即好意提醒我：「我看就像，這種樹附近很多，以後會長很大喔。」

我只好笑著告訴他：「我知道，而且我會修剪。」

後來是茄苳，當我有一天蹲在小茄苳樹旁除草時，換成邱太太走到我的跟前，很客氣地點頭對我說：「許先生，你知道這是什麼樹嗎？」

心想也許因爲樹還小，她認不得而前來詢問，求知的精神令人感佩，於是我客氣地回答她：「這是茄苳啊。」

沒想到她立即顯現出一副「原來你知道！」的詫異表情，然後開始教導我：「茄苳以後會長很大，不適合做綠籬，綠籬要種矮一點的植物……」

好不容易聽完三分鐘的教誨，啞口無言的我也只能重複那句話：「我知道，而且我會修剪。」

既然選種已經技術犯規，接下來就只好倚靠修剪來調整了。綠籬要長得漂亮，必須讓它分枝多，枝葉緻密，所以必須勤於修剪。

一開始，由於同情它們活得辛苦，因此不太忍心下重手，每次拿了籬笆剪出門，左看看右瞧瞧，最後都只剪掉特別突出的幾根徒長枝向自己的良心交差。

不只是我，心地善良的芭樂每次出去剪完回來，也都像沒剪一樣。這樣的心軟，卻讓這些綠籬植物的下半部空空如也，樂得對門的狗狗跑來下頭扒土、睡午覺，完全失去綠籬的美觀與功能。

趁著冬天植物處於休眠狀態，比較能夠承受強剪，決心大刀闊斧剪它一回。預定全部砍到離地三、四十公分的地方，讓它們重新萌發側枝。

心意既定，爲了省時省工、整齊美觀的考量，興匆匆地跑到農機行詢問引擎式籬笆剪的價格。這種動力籬笆剪在台灣大多用在茶園採收過後的整枝修剪，所以農機行有得買，不過價格並不便宜，老闆開了價：「一萬零五百。」有點猶豫了，自己沒有用過，不知道效果如何，也不知一年會用幾次，一萬零五百可不是小錢耶。

突然間靈光一閃，同事Sama家有茶園，應該會有籬笆剪，而且冬茶已經採完好一陣子，機器應該正閒著吧。

經過接洽，好心的Sama夫人和她一向愛惜機器的老公胡大哥爽快地答應出借，眞是感恩。

到她家拿機器那天，胡大哥特地先幫我惡補操作技巧、幫機器加滿油，臨走前還貼心地問我油夠不夠。

一桶油據說可以砍個三小時，雖然大家一聽到我要砍綠籬都滿臉狐疑：

「綠籬在哪裡？」

「你家有綠籬嗎？」

「你要砍鐵絲網喔？」

不過我還是沒有把握可以在三個小時內完成任務，畢竟蘿蔔坑幅員遼闊，爲了保險起見，請胡大哥另外幫我準備了一罐預備油，大概可以再多撐個三小時。

正式上工這一天，戴上新買的護目鏡，看來活像一隻貓頭鷹。整備好籬笆剪，依照胡大哥教導的姿勢有模有樣地發動機器，開始幫我的綠籬剃頭。

轟轟作響的籬笆剪所到之處，枝條應聲上下分離，奇妙的是斷開的枝條並不像割草機掃過時會四處飛濺，反而是平靜地垂落在一旁，看來戴護目鏡似乎是多慮了。

不一會兒工夫，除了少數幾棵主幹較粗的植物必須另外用手鋸鋸斷之外，所有鐵絲網旁的綠籬三兩下工夫就砍完了。看看時間，十分鐘。若再加上小屋旁邊的狀元紅還有烏桕，加一加只花了二十分鐘不到。

眞慶幸沒有一時衝動自己買一部，看來蘿蔔坑的規模還不到自己養一台籬笆剪的必要。

接下來的整個乾旱冬季，這些植物並沒有立即長出新葉，只是默默地在體內自我療癒，讓人不免擔憂當時是不是下手太重。直到二月份的幾場雨水降臨之後，蟄伏的新芽開始迅速萌發，整排綠籬開始有了生機。最後的清查，只折損了一棵茄苳。看來得拜託小鳥再幫我送一棵過來。

相信我的綠籬會重新綻放濃密的新綠，展現出屬於綠籬的蓊鬱姿態。

龐大的食客——非洲大蝸牛

別說「誤食」農藥了，許多農藥根本是衝著蝸牛而來，看看農藥行裡頭擺著的，一路念過來有什麼「滅蝸寧」、「蝸牛敵」……唉！看來這梁子結得可深哩。

對於小時候在鄉下長大的朋友而言，蝸牛應該是最熟悉的動物了，其中有一種的個頭特大，而且隨處可見，就像晚上抬頭可見的星星一樣，好多好多。

那種讓大家記憶深刻的大蝸牛，有著棕色的螺旋狀硬殼，上頭點綴著深淺不一的直條紋，頭上有兩支天線般的觸角，伸縮自如，頂端還有兩顆潛望鏡般的大眼睛。走路的時候，拖著長長的肉足，上頭扛著自己的房子。遇到可惡的小孩戲弄時，就把全身往殼內一縮，關門謝客。要比耐心，躁動的小孩永遠比不過慢條斯理的蝸牛。

但也不是這樣耗著就一定能全身而退，遇到有暴力傾向的小惡魔，可憐的蝸牛恐怕難逃被石頭砸成稀巴爛的厄運。有時候還會被農夫從硬殼內活生生地

對鄉下長大的朋友而言，非洲大蝸牛蝸牛應該是最熟悉的動物了

挑出來，剁成碎肉當大肥鵝的點心。

想起來了嗎？那就是非洲大蝸牛。由於太過常見，以致很多人都已習慣牠的無所不在，甚至以為牠是土生土長的台灣原住民。

其實牠能繁衍得如此興旺，正因為牠是不折不扣的外來馴化種。這位據說來自非洲馬達加斯加的移民於一九三二年由日本人引進，原意大概是想在那戰爭末期的飢荒年代提供一些蛋白質來源，算算入籍至今不過七十來年而已。

在台灣，願意吃牠的天敵並不算多，所以在野外迅速繁衍。人類可能是牠最大的消費族群吧！看看夜市裡每個快炒攤上頭「炒螺肉」三個大字，那個「螺」，就是非洲大蝸牛啦。

曾經在花蓮吉安的野菜市集上，看到原住民朋友們用塑膠籃裝著滿滿的非洲大蝸牛待價而沽，活生生的蝸牛當然不會乖乖地待在籃子裡頭任人宰割，動作雖慢，可也一隻隻朝著籃緣努力往上爬，只要攤主一個不留神，就有一兩隻悄悄越獄成功。

此時卻有好事者將其拾起，放回牠好不容易才逃離的籃子裡，然後還好心地提醒正專心看著電視的攤主：「你的蝸牛偷偷跑掉的啦！」

我就是那個好事者，事後想想，還眞是罪過。

現在還有人將非洲大蝸牛的白化個體大量繁殖，以「白玉蝸牛」的新名號銷售到市場，據說還賣到喜歡吃「法國田螺」的美食之都巴黎。比起我們黑烏烏的老土親戚，據說身價高得多。

在城市長大的文明小孩對非洲大蝸牛的印象可能就沒那麼深刻，也難怪，在車水馬龍的都市裡，蝸牛就算沒被不長眼睛的車輪壓死，恐怕也會被滾燙的柏油路燙死。

而在鄉下，印象中見到蝸牛的機率似乎也愈來愈少，最主要的原因大概是因爲牠老愛在農田裡吃農民辛苦種植的農作物，所以別說「誤食」農藥了，許多農藥根本是衝著蝸牛而來，看看農藥行裡頭擺著的，一路念過來有什麼「滅蝸寧」、「蝸牛敵」、「蝸剋星」……唉！看來這梁子結得可深哩。

在蘿蔔坑還種植蘿蔔的年代，鐵定不可能容許蝸牛的存在。這幾年來，隨著農藥的停止施用，也隨著地上的植被日漸豐富，不知何時開始，蝸牛出現了，而且就像小花蔓澤蘭一樣，在不知不覺中，盤據了整個園子，無所不在。

非洲大蝸牛的生殖機制很特別，牠們是雌雄同體。不過可別以爲牠們會自戀地和自己愛愛，然後生下蝸牛寶寶，這樣的方式多沒情趣啊！

當兩隻蝸牛情投意合的時候，會先彼此側身靠近，伸出位於觸角右後方的白色生殖器，彼此交纏，悄悄滑入對方的生殖孔裡頭，完成精莢的交換，然後在結束之後，各自尋找合適的地方產卵，孵出蝸牛寶寶。兩倍的生殖效率，難怪族群量那麼龐大。

有時其中一隻在離去時還會緩緩從伴侶的身上爬過去，彷彿在做最後的撫觸與道別，好浪漫喔。至於這到底算是雙性戀還是同性戀？誰是男誰是女？實在有夠複雜。

剛開始對於非洲大蝸牛的出現，就像最初看到蜻蜓回來、小鳥築巢一樣，不僅不以爲意，甚至還有些開心，覺得又多了一種生物，生態愈來愈豐富了，

這隻非洲大蝸牛顯然出了意外，徒留破損的空殼與未及孵化的蛋

好棒！

直到有一天，我發現好不容易才往上攀爬的絲瓜藤上，手掌大的葉子常在一夕之間消失了，葉子上留有黑黑髒髒的排泄物。再動手翻尋，一下子就在葉子遮蔽的棚架上找到一隻又一隻碩大的非洲大蝸牛，原來兇手就是牠，終於明白農民爲何那麼痛恨牠了。

接下來該怎麼處置這群龐大的食客呢？有點頭大。不能像小時候一樣用石頭將牠砸爛，對於人生已經跨過一半的中年人而言，也該開始積陰德了。

也曾想過挖一個大坑，將蝸牛丟進去，覆土掩埋，當作基肥。這看來似乎乾淨俐落，不會有滿手血腥的罪惡感，可是不免讓我聯想到赤棉、納粹的大屠殺場面，恐怕罪孽比一隻隻砸死更深重吧！

或者，效法各大路邊攤的做法，開發蝸牛食譜，將它烹煮成美味的料理，成爲蘿蔔坑有機風味餐，完全野生，不含農藥……

想太多了，眞等到那時候，恐怕滿園子都已經被蝸牛佔領了吧！

直至截稿前，尚未想到有效解決方案。目前的做法，只能將牠握在手上，當成棒球，想像自己是王建民，朝著小花蔓澤蘭叢生的遠方用力擲過去。

就算蝸牛大哥執意爬回來吃我種植的美味大餐，好歹一路上刻苦一點，幫忙吃點小花蔓澤蘭吧！

各位讀者朋友如果有什麼創意解決方案，歡迎提供建言。入選獎品是蝸牛風味餐吃到飽預約招待券十張。你擔心是芭樂票？那不然每張兌換新鮮蝸牛肉（帶殼）一公斤好了，參加從速喔。

蘿蔔坑的人民公敵——小花蔓澤蘭

請大家認明照片上的通緝犯，下回在野外遇見它時，可別心軟！

這樣的標題，一定會讓人馬上看出我對這種植物的頭痛。沒錯！小花蔓澤蘭的確是種讓人頭痛萬分的植物。雖說我珍惜上天送給我的一切，但是對於小花蔓澤蘭，我想，祂一定是送錯地方了。

不過在介紹蘿蔔坑的其他成員之時，一定也得介紹小花蔓澤蘭，因爲它總是和其他植物糾葛不清，讓我無可避免地必須經常提到它。暫且撇開所有成見，平實地認識一下這種植物。

顧名思義，小花蔓澤蘭是蔓性植物的家族成員。走莖會在地表迅速蔓延，只要一接觸到土壤，每一個節點都會發根定著，然後很快又長出側芽。一遇到可以攀附的東西，無論是植物的枝幹，或是細如一根芒草，它都可以用靈活的生長端迅速纏繞而上，忽左忽右，愈爬愈高，有時候眞懷疑它的先端是否安裝了精密的方向雷達。

它的分岔很多，迅速蔓延，很快便掛滿整棵樹的裡裡外外，而且藤蔓緊緊纏繞著枝幹，讓人連想用小指頭撐開它與樹幹間的縫隙將它鉤斷都相當困難。

小花蔓澤蘭的葉子長得像個小小的綠色盾牌，當它還是小苗時，葉子約莫成人的拇指大小，看來玲瓏可愛，可是一旦在地面擴展到足夠的勢力範圍、在樹梢上吸收到能量豐沛的陽光，葉子竟可變身到幾近手掌大小，而且葉緣更加畸突，看來更顯猙獰。

這些都可能只是小花蔓澤蘭由種子發芽之後一年內的事，蔓延之迅速，讓人措手不及。當它開花的時候，白色的小花覆滿樹梢或圍牆上，顯得有些詭異，等到果實成熟的時候，密密麻麻比芝麻還細小的種子，讓人看了頭皮發麻。

唉！我又忘記立場要客觀了，這樣的形容好像帶了情緒性的歧視在裡頭。實在沒辦法！吃了它太多苦頭，哪還有紳士風度以德報怨呢。

話說蘿蔔坑元年時，一片光禿禿的紅土地上什麼都沒有，當然也沒有小花蔓澤蘭。但是當時有關它蔓延的嚴重情形已經在媒體上炒得沸沸揚揚，儼然成爲重大的生態議題，想不認識它的大名都難。所以我也很快注意到蘿蔔坑附近的路旁、林間，只要是沒有人耕作的土地上，其實都早已悄悄淪陷，只是火還沒燒到自己家裡，尚未見識到這異形的可怕。

眞正與它正面交鋒是在第一個夏季之後，豐沛的雨量讓土地上長出許多不

小花蔓澤蘭面目猙獰的葉子

請自來的植物，有一天當我終於有空去整理種在邊界上的樹木時，才發現小花蔓澤蘭早已悄悄入侵，而一棵約莫一公尺高的石朴竟然遍尋不著，憑空消失了。眞是奇怪，上頭明明掛了名牌，就算植株爛光了，至少塑膠名牌還會在吧？

就在追尋眞相的意志堅持下，我努力地將記憶中石朴所在地附近的雜草、藤蔓清開。第一個禮拜找了半天一無所獲，幾乎要放棄了。第二個禮拜，不甘心的鬥志再度燃起，這回鐵了心堅壁清野，每抓到一根小花蔓澤蘭的走莖，就朝著源頭連根拔除，不留任何餘孽。

最後，終於在層層的小花蔓澤蘭底下，讓我找到了已經被壓得匐貼在地面的石朴。還好它的韌性夠，在壓制它的敵軍被殲滅後，立刻挺腰站起，重新恢復生機。

自此以後，小花蔓澤蘭就變成蘿蔔坑的人民公敵，只要看到它時剛好時間許可，就會趕緊將它拔除。可是還是無法根絕，因爲它總會在你一陣子疏忽之後，又趁虛攻城掠地，所以只能努力控制，維持恐怖平衡。

奈何小花蔓澤蘭天天在努力生長，而不負責任的園主我一個禮拜才去那麼一次，勝負誰屬，不問自明。現在的蘿蔔坑，除了刻意維持淨空的植物周邊之外，幾乎無處不見它的身影，只能偶爾靠著除草機的威力，暫時剋剋它的銳氣。

其實小花蔓澤蘭本身無罪，它會擁有這麼頑強的生存機制，或許是在它的原生地有著相當嚴苛的生活環境，讓它必須透過大量與快速的繁殖來爭取生存

小花蔓澤蘭開花時，一片白色花海鋪天蓋地

空間，也或許是它和人類一樣，已經演化成植物界的超強物種，要將其他的植物摧毀殆盡，以謀取自身的最大利益。

若真要追究，要重新思考的可能是傳說中當初看上它的超強蔓延速度和覆蓋率，將它引進台灣，當作護坡植物的「××局」，把它帶到這個氣候宜人又沒有動物愛吃它的寶島上，讓台灣的生態又陷入一次外來種入侵浩劫。

不過再強悍的東西都有它的罩門，小花蔓澤蘭也一樣，由於它生長快速又處處留根，因此每處根節都定得很淺，即使是拇指粗的主莖也一樣，稍稍用力就可連根拔起。

不過它的莖很脆，出力太急容易扯斷而失去線索，因此聰明的做法是不要急著去拉第一眼看到的細藤，應該順著蔓藤盡可能追蹤到愈源頭的地方愈好，只要將基部拔除，整個藤蔓應聲而起，或被扯斷，或連根拔除，可收事半功倍之效。這可是奮戰多年，切身體驗的寶貴心得。

總之，請大家認明照片上的通緝犯，下回在野外遇見它時，別心軟，毫不猶豫地拔掉它吧！

中場休息——獨行有感

這是在一次獨自前往蘿蔔坑勞動後寫下的文章：

在氣溫動輒飆到攝氏三十好幾的炎夏裡，蘿蔔坑雖然海拔有六百公尺，比平地低三度左右，不過在炎熱的正午時分，如果天空少了幾片雲，頂著大太陽工作，還是會把人烤昏。

最聰明的做法，當然是前一天下午進駐蘿蔔坑，在傍晚的徐徐晚風下享受田園之樂，然後在寧靜的小屋裡過一個晚上，隔天一大早在天色微明之時就到園子裡，大口呼吸屬於清晨特有的新鮮空氣，工作的時候還有黎明早起的鳥兒在不遠處嘰嘰啾啾……這才是愜意的田園假期。

這個週末假日難得全家老小都沒有特定的行程，想想也很久不曾到蘿蔔坑過夜了，於是提議週六到蘿蔔坑住一個晚上，老婆第一個附議，因為上個禮拜她才到那兒辛苦地做了一天台勞，將房子裡頭整理乾淨，不趁著再度變髒之前住個一晚，豈不是做了白工。

兩個小朋友的意見就比較多，民主社會，還是得尊重小小主人翁的意見。中班的妹妹隨和，經過溝通，也很爽快地說好，只要能和爸爸媽媽一起出門，還可以附加去埔里玩水，縱然在蘿蔔坑無聊到如她所說：「就那個溜滑梯一直溜一直溜就好啦！」體貼如她，還是願意的。

小一的姐姐考慮的就比較多，行程排得最滿的往往也是她，通常假日如果沒有回台南看阿公阿嬤，那禮拜天下午就會帶她到中興新村學直排輪，如果沒有學直排輪，那禮拜六下午上完心算課之後，就會帶她們到埔里玩水，或是到河濱公園騎腳踏車，跑跑跳跳。不論是哪一個，看來都比蘿蔔坑好玩。

所以和小孩溝通是需要技巧的。首先當然是要投其所好。一聽到可以去埔里玩水，姐姐的眼睛突然一亮，然後小腦袋裡經過縝密的計算與排序，心中顯然有了定見：「好，去埔里。」

耶！上鉤了。

「然後呢？」我滿心期待地問她。

「然後，回家啊。」姐姐說。

？？？不妙。

「回哪個家？」

「……回水里的家。」

唉！溝通失敗。其實我也知道每回到蘿蔔坑大人們都忙著工作，沒時間和她們互動，被冷落的感覺一定不太好受。

而且對她們而言，即使蘿蔔坑有可以不用計時玩到爆的電腦，也可以在外頭爬石頭山、撈水草，還可以帶幾本心愛的故事書晚上窩在床上看，但終究比不上家裡可以隨心所欲選擇不同的布偶陪睡的方便與舒適。

這時候深深體會到立法院裡頭一個人的堅持反對可以癱瘓全院議事的無奈。但是民主社會嘛！最後決定不勉強她。

談判宣告破裂，我還是單槍匹馬在星期六一早獨自到蘿蔔坑上工。

到達蘿蔔坑時大約上午七點半。早起的太陽雖已躍出地平線，逐漸散發出夏日的熱情，清晨的涼風卻還纏綣在這幽靜的山稜上，慵懶地打著呵欠。趁著氣候尚可，趕緊上工。

剛開始時還可感受到徐徐涼風輕拂，有種運動出汗的暢快感。隨著太陽逐漸往上爬，風停了，溫度也逐漸升高，水分幾乎一出毛細孔就立即蒸發，汗水逐漸乾涸黏附在皮膚上，呼吸開始急促，動作開始遲緩，腦子裡頭隱隱約約浮現前一陣子酷暑時每天可以看到的社會新聞：

「七十歲老農熱死田間……」

如果現在倒下，旁邊又沒有人……我才四十出頭欸。又想到朋友老梧桐原本有著和我一樣的夢想，結果等到小孩、老婆的熱度消失，剩下自己一人獨自「享受」田園之夢時，不得不忍痛將農莊割愛的真實故事，我想……應該有小賺一些吧！

果然快要煮沸的大腦已經開始胡思亂想了。十一點不到，頂著烈日的炙烤，總算在成為午間新聞的標題之前完成今天的預定工作。大口喝光家裡帶來的整罐開水，拖著虛脫的腳步鑽進煉鋼爐般的車廂裡，將冷氣開到最大，收工回家了。

會不會想放棄？一個人堅持著夢想，的確孤單。

回到家，車子才停好，妹妹一臉哀怨地等在門口：

「爸爸，我早上起來本來想和你去埔里欸……」

心情寬慰不少，至少還有位忠實的支持者。

晚上拿起未來蘿蔔坑之家的設計圖又多畫了幾筆。沒人願意陪我？那就想辦法增加可以吸引人的誘因吧，這條路既是興趣，也是夢想，如果能多和家人、朋友分享就不會覺得孤獨了。漫漫長路，仍須努力。

這本書就到這兒告一段落了。書裡面所記錄的，是蘿蔔坑前半場的生命歷程。未來，如果可能的話，我希望能夠眞正落腳在這片園子裡，每天照顧園裡的花草樹木，觀察這兒的蟲魚鳥獸，然後蓋一座叫做「家」的房子，和我親愛的家人、用行動支持我的好夥伴，以及所有認同我想法的好朋友們，一起繼續寫下蘿蔔坑的故事。

中場休息之後，後半場正要開始呢……

實戰篇

——如何買地建屋？

——該準備多少預算？

如何買地建屋？

買地

◎透過熟人介紹是不錯的方式，但是管道比較窄，如果想要多看一些土地，還是透過仲介公司，選擇性會比較多。對於不善溝通的人而言，有仲介人員居中協調可以減少殺價時的直接摩擦。當然，首先得睜大眼睛找一家對當地熟悉而且正派經營的仲介公司。

◎如果想買法拍土地，司法院有公開資訊的網站http://www.judicial.gov.tw/db/a1x.asp，程序也一切公平公正，只要有時間多做功課，其實並不需要找法拍黃牛。

◎若打算購買農牧用地建築農舍者，最小面積要有2500平方公尺（兩分半），而且必須持有兩年以後才能建築。

◎若想轉售牟利者得考慮清楚，因爲蓋了農舍以後要經過五年才能辦理移轉，還是去買建地蓋販厝比較好賺，別動農地腦筋了。

◎購地時就得先想好將來出入道路、水源、電力電信線路等問題，等買了地才發現無法克服，那麻煩就大了。

水源

◎如果有自來水可接那是最方便的，不然可以問問附近鄰居的水源，商量是否可以接管。不然也可找尋附近野溪拉管取水，不過管線維護相當辛苦，得有心理準備。

◎自行鑽井必須依法申請水權，只要找的是合法的鑽井公司都可以代辦。不過有些地層下陷地區是不接受新設地下水井的，可查詢水利署的「地下水管制區」公告。

◎自行鑽井的成本不低，因此應是其他方法用盡後的最後途徑，但是請記得：「不是每個地方往下鑽一定可以鑽得到水」，因此若有必要，在購地時就得請鑽井公司先做評估。

電力

◎農地初次申請農業用電時電力公司會前往勘查是否確實做農業使用，因此在尚未完成用電申請前，切勿在農地上大興土木。

◎若因設置抽水馬達或其他特殊農機而有動力用電之需求，最好找在地的水電廠商代辦，因爲動力用電審查較嚴格，且廠商間往往有不成文的責任區，找對人可節省不少時間。

◎若土地周邊尚無電力線路到達，又無公共道路可立桿，則電桿或電線經過之鄰地必須事先協調取得同意。

電信

◎若自既有線路末端延伸超過一定距離者，中華電信會要求用戶自付立桿費用，所以還是考量一下通話需求，如果手機可以通，也可以暫時將就一下。

農舍或農業設施法令規定

◎農地必須持有超過兩年才能興建農舍，若是農業設施則無此限制，但是農業設施必須實際做農業使用，地方政府的審查通常相當嚴格，若非確有農業上的用途，建議莫把此項當作捷徑。

◎農舍之建蔽率爲10％（部分縣市地區除外），最大基層建築面積爲330平方公尺（100坪），最大總樓地板面積爲495平方公尺（150坪），因此購地後應考量未來需求，先做好土地合併分割。

◎合法興建農舍或農業設施的前提是土地確實做農業使用，屆時會有許多相關單位前來會勘，所以在取得合法許可之前，千萬別在土地上蓋任何違建，否則無法通過。

◎封閉式的圍牆也在違建之列，所以在房子沒蓋好前，先別急著蓋圍牆。

◎若房子的基地坡度大，必須整地者，必須先依水土保持法做好水土保持計畫通過後才能動工。未經申請擅自施工的偷跑行爲在水土保持法規上後果相當嚴重，除了重罰之外，還要強制恢復原狀，甚至幾年內不得再申請。奉勸大家千萬要守法，以免得不償失。

溫室、鋼構施工

◎景觀用的造型溫室造價高昂，環境控制系統難度高。生產用的規格化溫室施工快速，價格經濟實惠，環境控制系統單純。當然，美感一定有差。所以做選擇前請先衡量自己的實際需求與經費。

◎建築材料的樣式很多，若沒有找建築師整體設計，則建議先到材料行或上網找到喜歡的類型，再與師傅溝通，畢竟師傅能提供的樣版很有限。

◎為了避免漏水的麻煩事，鋼構屋頂的造型愈簡單愈好。

室內裝修

◎對於室內裝修這樣充滿想像空間的細緻工作而言，找到好溝通又負責任的施工者是最重要的。可以請有經驗的朋友推薦，而且最好能先參觀設計師以前的成品。

◎事前的溝通與確認眞的很重要，最好找到具有3D繪圖能力的設計師，一開始先將所有的構想在設計圖上確認過，再開始施工。千萬不要因為急著完工而邊做邊談，否則口說無憑，做做改改，浪費時間和資源。

◎室內裝修的細部工作很多，因此施工期間最好能經常在現場，隨時溝通修正，才能做出自己喜歡的感覺。

★除非你有更神通廣大的管道，不然想要合法擁有一塊農地和一棟小屋的唯一訣竅就是——按部就班，依法辦理。

該準備多少預算？
蘿蔔坑溫室費用一覽表

蘿蔔坑總面積：將近一甲，一甲=3025坪，不過蘿蔔坑略小一些，大約3000坪。
溫室與工作室總面積：36.4坪，其中溫室為21.9坪，戶外遮雨棚為7.3坪，小屋為7.3坪，但是因為有閣樓，所以樓地板面積為14.6坪。

項目	金額（萬）	坑主的叮嚀
建築設計	6	除非自己很內行，否則免不了要找人幫忙畫圖、送件。
電力	5	農業用電1萬，三相動力用電4萬，行情價。
供水	70	含鑿井、儲水設施、配管等等，很傷本。如果是已經有水源的地方，這一筆可以省下來。
整地	19	僱怪手、買石頭及配料等等。
溫室	50	96平方公尺（29.1坪），整廠輸出，責任施工。
育苗室	57	24平方公尺（7.3坪），就是那個兼做休息室用的小屋啦！
室內裝修	23	唉！請記得事先多探聽，圖面盡可能畫詳細，最好有3D模擬，畢竟口說無憑哪。
小計	230	有興趣的人趕快去籌銀兩吧！喔，記得還要先有一塊地哦。如果要蓋農舍，最少要有兩分半（2500平方公尺）才可以。

國家圖書館預行編目資料

種瓜路11之10：上班族的幸福實踐力
／許亞儒著. -- 初版. -- 臺北市：寶瓶文化,
2008.08　面；　公分. -- (enjoy；38)
ISBN 978-986-6745-43-0(平裝)

1. 生活指導

177.2　　97015534

enjoy 038

種瓜路11之10——上班族的幸福實踐力

作者／許亞儒
主編／張純玲

發行人／張寶琴
社長兼總編輯／朱亞君
主編／張純玲・簡伊玲
編輯／羅時清
美術主編／林慧雯
校對／張純玲・陳佩伶・余素維・許亞儒
企劃主任／蘇靜玲
業務經理／盧金城
財務主任／歐素琪　業務助理／林裕翔
出版者／寶瓶文化事業有限公司
地址／台北市110信義區基隆路一段180號8樓
電話／(02)27463955　傳真／(02)27495072
郵政劃撥／19446403　寶瓶文化事業有限公司
印刷廠／世和印製企業有限公司
總經銷／大和書報圖書股份有限公司　電話／(02)89902588
地址／台北縣五股工業區五工五路2號　傳真／(02)22997900
E-mail／aquarius@udngroup.com

法律顧問／理律法律事務所陳長文律師、蔣大中律師
如有破損或裝訂錯誤，請寄回本公司更換
著作完成日期／二〇〇八年五月
初版一刷日期／二〇〇八年八月
初版二刷日期／二〇〇八年八月二十九日
ISBN／978-986-6745-43-0
定價／三〇〇元

AQUARIUS 寶瓶文化事業

愛書人卡

感謝您熱心的為我們填寫，
對您的意見，我們會認真的加以參考，
希望寶瓶文化推出的每一本書，都能得到您的肯定與永遠的支持。

系列：Enjoy038　**書名：種瓜路 11 之 10 ——上班族的幸福實踐力**

1. 姓名：＿＿＿＿＿＿＿＿　性別：□男　□女
2. 生日：＿＿＿年＿＿＿月＿＿＿日
3. 教育程度：□大學以上　□大學　□專科　□高中、高職　□高中職以下
4. 職業：＿＿＿＿＿＿＿＿
5. 聯絡地址：＿＿＿＿＿＿＿＿＿＿＿＿＿＿＿＿＿＿＿＿
   聯絡電話：＿＿＿＿＿＿＿＿　手機：＿＿＿＿＿＿＿＿
6. E-mail信箱：＿＿＿＿＿＿＿＿＿＿＿＿＿＿＿＿
   □同意　□不同意　免費獲得寶瓶文化叢書訊息
7. 購買日期：＿＿＿ 年 ＿＿＿ 月 ＿＿＿日
8. 您得知本書的管道：□報紙／雜誌　□電視／電台　□親友介紹　□逛書店　□網路　□傳單／海報　□廣告　□其他
9. 您在哪裡買到本書：□書店，店名＿＿＿＿＿＿　□劃撥　□現場活動　□贈書　□網路購書，網站名稱：＿＿＿＿＿＿＿　□其他＿＿＿＿＿＿
10. 對本書的建議：（請填代號　1. 滿意　2. 尚可　3. 再改進，請提供意見）
    內容：＿＿＿＿＿＿＿＿＿＿＿＿＿＿
    封面：＿＿＿＿＿＿＿＿＿＿＿＿＿＿
    編排：＿＿＿＿＿＿＿＿＿＿＿＿＿＿
    其他：＿＿＿＿＿＿＿＿＿＿＿＿＿＿
    綜合意見：＿＿＿＿＿＿＿＿＿＿＿＿＿＿＿＿＿＿＿＿
11. 希望我們未來出版哪一類的書籍：＿＿＿＿＿＿＿＿＿＿＿＿

讓文字與書寫的聲音大鳴大放

寶瓶文化事業有限公司

（請沿此虛線剪下）

廣　告　回　函
北區郵政管理局登記
證北台字15345號
免貼郵票

寶瓶文化事業有限公司　收

110台北市信義區基隆路一段180號8樓
8F,180 KEELUNG RD.,SEC.1,
TAIPEI.(110)TAIWAN R.O.C.

（請沿虛線對折後寄回，謝謝）